劳动和社会保障文丛

北京市失地农民就业稳定性研究：
基于北京城市战略定位视角

肖红梅 ◎ 著

中国劳动社会保障出版社

图书在版编目(CIP)数据

北京市失地农民就业稳定性研究：基于北京城市战略定位视角/肖红梅著. -- 北京：中国劳动社会保障出版社，2024. -- （劳动和社会保障文丛）. -- ISBN 978-7-5167-6529-6

Ⅰ. F323.6

中国国家版本馆 CIP 数据核字第 2024DY6198 号

中国劳动社会保障出版社出版发行

（北京市惠新东街 1 号　邮政编码：100029）

*

河北虎彩印刷有限公司印刷装订　　新华书店经销
787 毫米×1092 毫米　16 开本　12.75 印张　122 千字
2024 年 8 月第 1 版　2024 年 8 月第 1 次印刷

定价：52.00 元

营销中心电话：400-606-6496
出版社网址：http://www.class.com.cn

版权专有　　侵权必究

如有印装差错，请与本社联系调换：（010）81211666
我社将与版权执法机关配合，大力打击盗印、销售和使用盗版图书活动，敬请广大读者协助举报，经查实将给予举报者奖励。
举报电话：（010）64954652

目 录

第一章 绪论 …………………………………………………… （1）

第二章 理论基础与文献述评 ………………………………… （23）
  第一节 理论基础 ……………………………………… （23）
  第二节 国外相关研究述评 …………………………… （30）
  第三节 国内相关研究述评 …………………………… （35）
  本章小结 ………………………………………………… （41）

第三章 北京市失地农民就业及就业稳定性现状 …………… （42）
  第一节 失地农民个人基本情况 ……………………… （43）
  第二节 失地农民目前就业情况 ……………………… （53）
  第三节 失地农民工作获取途径及就业创业培训情况 … （56）
  第四节 失地农民就业稳定性现状 …………………… （64）
  第五节 失地农民征地补偿安置及参加社会保险情况 … （72）
  本章小结 ………………………………………………… （80）

第四章 北京市失地农民就业稳定性的影响因素 …………… （84）
  第一节 研究假设 ……………………………………… （84）

第二节 变量选取与模型构建 …………………………… （87）
第三节 回归结果分析 …………………………………… （92）
第四节 结论与展望 ……………………………………… （100）
本章小结 ………………………………………………… （103）

第五章 征地安置方式对失地农民就业稳定性的影响 ……… （104）
第一节 研究假设 ………………………………………… （104）
第二节 变量选取与模型构建 …………………………… （107）
第三节 实证检验与结果分析 …………………………… （113）
第四节 结论与对策建议 ………………………………… （119）
本章小结 ………………………………………………… （121）

第六章 北京城市战略定位下失地农民就业的新机遇与主要方向 …………………………………………………………… （123）
第一节 北京城市战略定位给失地农民就业带来的机遇与挑战 ………………………………………………… （123）
第二节 北京城市战略定位下失地农民就业的主要方向 ……………………………………………………… （128）
本章小结 ………………………………………………… （132）

第七章 北京市促进失地农民就业的政策与实践 …………… （133）
第一节 21世纪以来北京市促进农村劳动力就业的主要

　　　　政策 …………………………………………………（133）

　　第二节　北京市朝阳区等四个区促进失地农民就业的

　　　　成功实践 ……………………………………………（146）

　　本章小结 …………………………………………………（156）

第八章　北京城市战略定位下失地农民稳定就业的对策建议

………………………………………………………………（158）

　　第一节　政府促进失地农民稳定就业的对策 …………（158）

　　第二节　用人单位促进失地农民稳定就业的对策 ……（165）

　　第三节　失地农民个人促进自身稳定就业的对策 ……（167）

　　本章小结 …………………………………………………（169）

第九章　结语 …………………………………………………（171）

附录　北京城市战略定位下失地农民就业问题研究调查问卷 …（178）

参考文献 …………………………………………………………（185）

后记 ………………………………………………………………（193）

第一章 绪 论

一、问题的提出

(一) 课题背景

1. 失地农民的就业问题是我国城市化进程中不容忽视的问题

失地农民是城市化进程中产生的一类特殊群体。2010—2022年,我国城镇常住人口从6.7亿人增加到9.2亿人,城镇化率从49.95%提高到65.22%①,年均提高约1.27个百分点。住房城乡建设部发布的《2022年城市建设统计年鉴》显示,2010—2022年,我国城区面积从178 691.7平方公里增加到191 216.77平方公里,年均增加约1 043.8平方公里;我国城市建设用地面积从39 758.4平方公里增加到59 451.7平方公里,年均增加约1 641.1平方公里。伴随着城镇化的快速发展,产生了大量的失地农民。早在2011年,《中国城市发展报告(2010)》就显示,2010年我国失地农民的总量已经有4 000万~5 000万人,而且每年仍以约300万人的速度递增,预计到2030年将增至1.1亿人。失地农民就业问题不仅事

---

① 国家统计局. 中国统计年鉴2023 [M]. 北京:中国统计出版社, 2023.

关其自身及其家庭的切身利益，还关系到社会的和谐稳定和经济的健康发展。

2. 北京城市战略定位对北京市失地农民就业提出了特殊要求

2014年2月，习近平总书记在北京市考察工作时提出，要明确城市战略定位，坚持和强化首都全国政治中心、文化中心、国际交往中心、科技创新中心的核心功能。习近平总书记提出的"四个中心"，明确了北京市的城市战略定位。北京市要立足"四个中心"功能建设，提升"四个服务"（即为中央党、政、军领导机关的工作服务，为国家的国际交往服务，为科技和教育发展服务，为改善人民群众生活服务）水平，疏解非首都功能。北京市疏解的非首都功能产业主要分布在一般制造业和劳动密集型产业，这些产业是长期以来吸纳失地农民（或农村转移劳动力）最集中的产业。劳动力需求属于派生性需求，非首都功能产业的疏解直接导致相应就业岗位的减少，因此疏解非首都功能给失地农民就业带来了一定的挑战。这就要求围绕"四个中心"首都功能的战略定位来解决失地农民的就业问题，加大对失地农民的就业培训力度，开发出更多服务于"四个中心"功能建设且适合失地农民就业的服务保障类岗位。

3. 北京市失地农民的就业稳定性事关首都稳定

就业是民生之本。如何促进失地农民再就业，将他们转换成现实生产力，是目前全社会关注的热点。农民失去土地，短期内可以获得相应的补偿，但这份补偿并不是长期的收入来源，只有通过再就业才能够使其维持长期的生计。就业的稳定性直接关系到失地农民家庭的切身利益，关系到社会的和谐稳定。

北京市是一座特大型城市，是我国的首都，其失地农民在寻找工作的过程中会受到低端企业外迁或产业升级的冲击。相比非特大型城市和地区，这些劳动者虽仅拥有次要劳动力市场的技能，却往往要面临主要劳动力市场的残酷竞争。因此，北京市失地农民的就业问题有其特殊性，他们能否稳定就业直接关系到首都的稳定大局，影响到"四个中心"的功能建设。

（二）研究目的与意义

本课题研究的目的在于：基于北京市"四个中心"的城市战略定位，系统梳理北京市有关农村劳动力（包括失地农民）已有的就业政策与就业及其稳定性状况，分析北京市失地农民就业稳定性的影响因素，从而提出促进北京市失地农民稳定就业的相关对策建议。

本课题研究的意义主要体现在以下两个方面。

1. 理论意义

本课题研究在理论上构建了一个立足北京城市战略定位、较为全面分析失地农民就业稳定性的研究框架。在这个框架中，运用劳动经济学基本理论分析产业结构变动对失地农民就业的影响、北京市失地农民就业及其稳定性状况以及就业稳定性的影响因素。

2. 实践意义

首先，结合北京城市战略定位带来的产业变动，分析对失地农民就业带来的影响，主要是分析产业变动给失地农民就业带来的挑战，以及失地农民就业的主要方向。

其次，通过梳理北京市农村劳动力（包括失地农民）的就业政策，为下一步政策完善提供依据。

最后，通过对失地农民就业及其稳定性现状、就业稳定性的影响因素进行实证分析，为下一步政府和社会各方促进失地农民稳定就业提供一定的决策依据。

二、核心概念的界定

（一）北京城市战略定位

北京城市战略定位，即坚持和强化首都全国政治中心、文化中心、国际交往中心、科技创新中心的核心功能。

（二）失地农民

失地农民是指土地被依法征收后，农业户口的家庭人均耕种面积少于 0.3 亩的农民。① 本课题在调研中进一步明确失地农民的限定条件，即年龄为 20~59 岁，拥有北京市户籍，在城市化进程中被征地，被征地时间在 2004 年 7 月 1 日以后，且被征地后有过非农就业或创业经历，按照《北京市建设征地补偿安置办法》（北京市人民政府令第 148 号）享受补偿安置的农民。

---

① 杨汉国，朱炎. 形势与政策（2014 年版）[M]. 成都：西南交通大学出版社，2014.

(三) 就业稳定性

虽然农民在农村从事农业生产也是一种就业，但是在本课题研究中，失地农民就业仅指他们脱离第一产业的劳动，进入城市在第二、第三产业通过社会劳动获得劳动报酬的活动。本课题研究中，就业稳定性是指劳动者个体工作的稳定性（job stability），用以描述劳动者工作变换期间或者在工作（参加经济活动）与不参加任何经济活动之间变换的状况。塞恩布鲁赫（Sehnbruch，2004）在研究智利劳动力市场时提出，可以用就业时长衡量就业稳定性。[①] 虽然国际上通常用一个人将一份工作保持 6 个月以上的可能性来衡量就业的稳定性，但是考虑到农民的实际情况，通常农业以一年为周期，农民变换工作也通常发生在年底或第二年年初，如果失地农民在一个劳作周期内未失业或者变换工作，说明其就业稳定性较强。据此，本课题研究将征地后失地农民平均每份工作持续时间大于 12 个月的情况视为稳定，将其平均每份工作持续时间小于 12 个月的情况视为不稳定。

三、对失地农民就业稳定性的价值判断

(一) 就业稳定性与灵活性的关系

与就业稳定性相对应的是就业灵活性，研究就业稳定性必然回

[①] SEHNBRUCH K. From the quantity to the quality of employment: an application of the capability approach to the Chilean labor market [R]. Center for Latin American Studies (CLAS working papers), 2004.

避不了研究就业稳定性与灵活性的关系。市场经济条件下，就业的灵活性在不断增强。就业的灵活性是绝对的，而就业的稳定性则是相对的。

随着灵活就业作为一种重要的就业形式而普遍存在，灵活性（flexibility）或弹性化已成为世界各国劳动力市场的一个基本特征和总体发展趋势。根据经济合作与发展组织（OECD，中文简称经合组织）的研究，劳动力市场的灵活性至少包含就业灵活性、工作程序灵活性、工作结构灵活性、工资灵活性和外部化灵活性5个维度。① 就业灵活性是指企业根据当前需要，调整雇佣数量的能力。对企业而言，它表明了该企业雇佣和解雇工人的难易程度；而对工人而言，它则表明了工人工作更迭的频率，即外部工作流动率。② 劳动力市场灵活性的核心是希望通过放松管制、减少政府和工会对劳动力市场的过多干预，以及实施激活性劳动就业政策等措施，使雇佣双方能够根据劳动力市场的供求情况自行确定包括雇佣与解雇在内的劳工标准等问题。③

从哲学的范畴来讲，就业稳定性与灵活性作为一对矛盾，必然包含着矛盾的对立统一关系。

---

① BRANDT N, BUMIAUX J M, DUVAL R. Assessing the OECD job strategy: past developments and reforms [R]. OECD economics department working paper, 2005.
② STANDING G. Global labor flexibility—seeking distributive justice [M]. London: Macmillan, 1999.
③ 孔德威，刘艳丽，冀恩科. 灵活化时代的就业稳定性分析 [J]. 生产力研究，2007（4）.

1. 就业稳定性与灵活性的对立关系

国际劳工组织（ILO）曾发布报告指出，劳动力市场灵活化已经在就业和收入安全、工作和生活条件的（相对）稳定性以及其他重要领域显著侵害了工人权益。有学者（Heintz，2004）认为就业灵活性与稳定性之间是一种此消彼长的关系，要增强劳动力市场用工的灵活性，便要以牺牲稳定性为代价，反之亦然。① 这种观点在一定程度上表明了就业稳定性与灵活性存在着对立关系。

一般认为，就业灵活性可能会直接导致就业稳定性下降。灵活就业的形成与发展，是标准化大工业向弹性化服务业转化的直接产物，也与劳动力市场的灵活化改革密切相连。有研究指出西方发达国家在20世纪八九十年代以后，都实施了劳动力市场的灵活化改革，改革的结果是这些国家的就业稳定性普遍下降。② 灵活化改革通过取消对灵活就业的各种限制而使灵活就业合法化。此外，作为灵活化改革重要组成部分的激活性就业政策，也在一定程度上促进了灵活就业的增长。激活性就业政策的核心是通过降低社会福利水平、提高享受失业救济的门槛等措施激活失业者，从而实现从失业保障向就业保障、从福利向工作的转变。这种政策的确提高了就业率，但是通过这种政策激活出来的就业大多是报酬低与不稳定的贫

---

① HEINTZ J. Beyond sweatshops: employment, labor market security and global inequality [J]. Antipode, 2004, 36 (2).

② 翁杰，周必彧，韩翼祥. 中国大学毕业生就业稳定性的变迁：基于浙江省的实证研究 [J]. 中国人口科学, 2008 (2).

困就业与灵活就业。①

但也有学者认为，政府对劳动力市场的管制使得劳动力市场的灵活性不足，反而会影响就业的稳定性。戴维·卡德（David Card）等人在详细比较美国、加拿大、法国就业保护政策对工资、就业结构变化的影响之后指出，较强的就业保护使得法国和加拿大的工资调整政策缺乏弹性，在面临需求振荡时，就业受到的冲击会比较大；而较为灵活的工资调整政策使得美国在面临宏观需求不足时，可以通过降低工资的方式来抑制失业率的提高。②

长期性稳定就业是建立在特定的劳动力市场制度性安排之上的（比如日本的终身雇佣制）。劳动力市场制度性安排，尤其是就业保护立法，在一定程度上能够解释各国就业稳定性之间的差异。一般来说，就业保护立法越严格，劳动者就业就会越稳定。较高的解雇成本在经济低迷时期会起到稳定就业的作用，当然也会使雇主在经济回升时期减少对工人的雇佣，从而影响了未来潜在的就业稳定性。因此，就业保护立法越严格，政府与工会的干预越多，就业的动态变化就会越平缓，就业的灵活性就越不足。

2. 就业稳定性与灵活性的统一关系

从企业发展的角度来讲，就业保持一定的稳定性和灵活性都是

---

① 孔德威，刘艳丽，冀恩科. 灵活化时代的就业稳定性分析 [J]. 生产力研究，2007（4）.

② CARD D, KRAMANZ F, LEMIEUX T. Changes in the relative structure of wages and employment: a comparison of the United States, Canada and France [J]. Canadian journal of economics, 1999, 32（4）.

十分必要的。就业的稳定性保证了企业专用性人力资本的积累,有助于提升组织竞争力;就业的灵活性则奠定了企业进行不断创新变革的基础。

从劳动者的角度来看,一方面,他们希望自身就业能保持必要的稳定性,以保障其收入安全、家庭稳定和身心健康(工作不稳定必然会给劳动者带来巨大的心理压力,从而影响身心健康);另一方面,随着信息技术的发展和知识经济时代的到来,劳动者同样希望工作的组织和完成能更加个性化、灵活化,从而满足个人不同的偏好或适应特殊情况,比如劳动者能更好地处理学习与工作的关系、协调工作和生活平衡等。

尽管就业稳定性与灵活性在多数人看来是对立矛盾的,但这二者在一定的情况下也是彼此统一、相互促进的。

劳动力市场的灵活化改革有助于增强就业的稳定性。日本传统就业制度的转型就说明了这一点。20世纪90年代后,日本传统的终身雇佣制在严峻的经济形势下开始动摇,越来越多的企业不得不直接削减雇佣人数,并开始雇用临时工和劳务派遣工,以减少冗员,从而降低用工成本。企业为解决产品的更新换代和技术提升问题,与一些有专业技能的人员签订一定期限的劳动合同,并提供较高的工资。同时,企业使用更多的劳务派遣工和临时工,使得灵活就业的队伍壮大,这也形成了比较合理的雇佣格局。对此,日本政府专门出台了《零短工劳动法》《雇佣派遣法》《合同工保护法》等法律,一方面满足了企业的实际用工需求,另一方面也引导和规范了劳务派遣和企业临时用工的发展，保护了劳务派遣工、合同工、临时工的合法权益。正是政府对劳动力市场的灵活化改革，顺应了经济形势大背景和企业生产变更的需要，才使企业发展的活力得以保持，让企业能够有能力吸纳和保留更多的劳动者就业（尽管这种就业是以临时工、合同工、劳务派遣工等形式存在的），从而实现了劳动者就业的稳定性；否则，劳动者可能就会面临失业。

反过来说，就业的稳定性需要以一定的劳动力市场灵活性作为基础。劳动力市场若缺乏灵活性，就会陷入僵化而缺乏效率的境地。如果一家企业的劳动力队伍过于稳定，人员没有流出，也没有"新鲜血液"补充进来，企业就会陷入"一潭死水"，从而阻碍其不断创新。在当前科技发展日新月异的背景下，一家企业是否具有创新力将直接关系到其成败。缺乏创新力的企业会衰败、倒闭，这将直接影响一个地区未来的就业稳定性。

无论是劳动者、用人单位还是政府，其实他们都面临着一个两难困境：一方面，他们强烈需要劳动力市场、就业和工作组织能更加灵活，从而使劳动者个人拥有更多的就业（包括流向非生产性活动）选择权、企业拥有更为灵活的雇佣选择权；另一方面，他们又需要就业比较稳定而不至于使劳动者的收入中断或使企业的生产经营活动因人员流失而中断。各国劳动者、企业管理方和政策制定者都希望能在就业的稳定性与灵活性之间找到恰当的平衡。这正如国际劳工组织官员彼得·奥尔、桑德林·凯斯和王亚栋在《工业化国家就业的灵活性和稳定性问题（二）》中提到的，我们应该追寻的是劳动力市场中稳定性与灵活性的最佳结合,而不是劳动力市场灵活性的最佳程度。我们要研究劳动力市场的稳定性因素和灵活性因素,并检查其与经济增长、就业和工资、社会福利等相结合所产生的效果,以便找出稳定性与灵活性相结合的最佳实践,从而进一步加强体面工作和促进经济发展。①

关于员工就业稳定性与灵活性的关系,我们也可以通过科研组织寿命曲线以及库克曲线来加以说明。

美国学者卡兹(Katz)通过大量调查统计绘出了一条科研组织寿命曲线(见图1-1),并提出了组织寿命学说。科研组织寿命曲线表明,在一起工作的科研人员在不到1.5年的时间里,科研人员之间的信息交流水平不高,他们获得的科研成果也不多;在1.5~5年里,其信息交流水平最高,获得的科研成果也最多;当相处超过5年后,由于他们相互间过于了解和熟悉,他们在思维上已经形成定势,这会导致其反应迟钝和认识趋同化,这时组织会呈现出老化和丧失活力的状态。卡兹的组织寿命曲线从保持组织活力的角度说明了科研人员保持一定流动性的必要性,同时也告诉我们流动过度、流动不足都是不好的。

美国学者库克(Kuck)绘制了以其名字命名的库克曲线,从如何更好地发挥研究生创造力的角度论证了员工流动的必要性(见图1-2)。图1-2中OA代表创造力的导入期,表示研究生在3年的

---

① 奥尔,凯斯,王亚栋. 工业化国家就业的灵活性和稳定性问题(二)[J]. 中国劳动,2005(8).

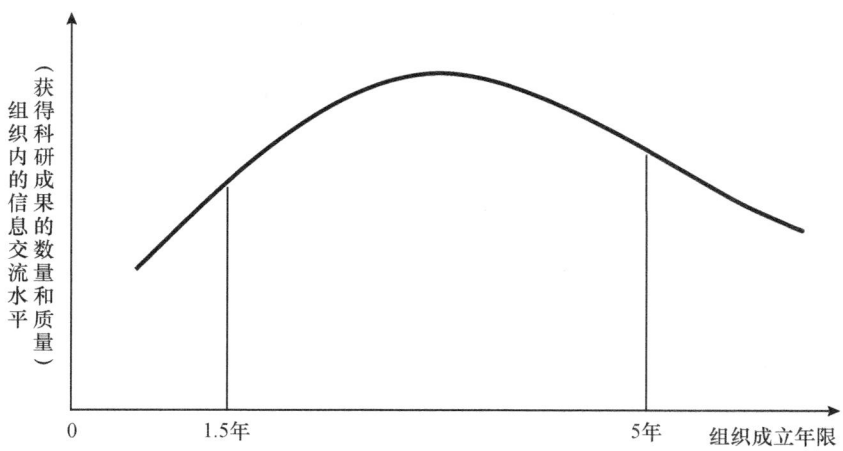

图 1-1　科研组织寿命曲线

资料来源：胡剑锋，严秀娟. 业商和业智：探究大学生就业稳定性 [M]. 北京：人民邮电出版社，2012.

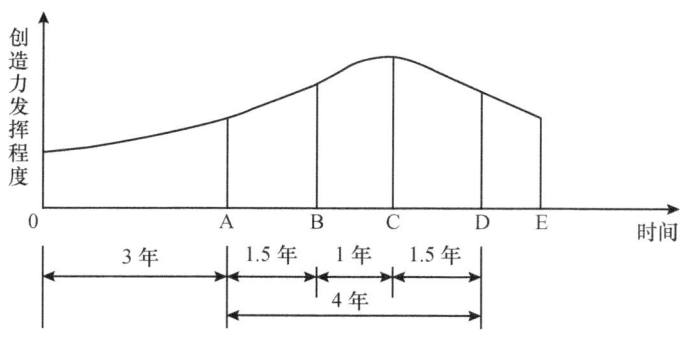

图 1-2　库克曲线

资料来源：胡剑锋，严秀娟. 业商和业智：探究大学生就业稳定性 [M]. 北京：人民邮电出版社，2012.

学习期间创造力的增长情况；AB 代表创造力的成长期，即研究生毕业后参加工作的初期，第一次承担任务的挑战性、新鲜感、新环境的激励，使其创造力快速增长；BC 代表创造力的成熟期，即他们创造力发挥的峰值区，这一峰值水平大约可保持 1 年，这是他们出成果的黄金时期；CD 代表创造力的初衰期，即他们的创造力开始下降，持续时间为 0.5~1.5 年；DE 代表创造力的衰减稳定期，即他们的创造力继续下降并稳定在一个固定值，如不改变环境和工作内容，他们的创造力将在低水平上徘徊不前。库克曲线告诉我们，一名员工到一家企业工作创造力较强的时期大约有 4 年（AD）。创造力的发挥有一个最佳期（BC），超过了一定年限，员工的创造力会进入衰减稳定期（DE）。为了激发员工的创造力，应及时让该岗位上的员工退出，使其变换工作岗位和环境，或流出企业。

科研组织寿命曲线和库克曲线从研究科研人员表现的角度阐述了员工流动（就业灵活性）的必要性，同时提示我们也要保持一定的就业稳定性，不可流动过于频繁，否则不利于激发个人创造力和组织活力。这实际上为我们在界定如何正确处理失地农民就业的稳定性与灵活性关系方面提供了一种思路：失地农民就业稳定性可能没有一个统一的标准，需要对其按照所在行业、职业、岗位、工种做细分，通过计量研究来得出不同的行业、职业、岗位、工种就业稳定性的最佳区间。

本课题研究认为，应该辩证地认识与思考失地农民就业稳定性与灵活性的关系。劳动力市场上不同的劳动者群体是有分工的。失地农民大部分就职于非正规就业部门或灵活就业，一定程度上这一群体的就业灵活性极大地弥补了其他群体就业灵活性的不足，为用人单位灵活调整用工形式与用工成本提供了更大的可能性，为用人单位发展注入了活力。但与此同时，我们也要深刻认识到失地农民群体不应该也不可能永远成为城市经济发展源源不断的"蓄水池"，在企业发展需要时就"注入"，不需要时就"排出"。失地农民是我国城镇化的必然产物，失地农民就业问题不仅事关其自身及家庭的切身利益，还关系到社会的和谐稳定和经济的健康发展。我们要在全社会整个劳动力市场灵活性与稳定性最佳结合的框架下，审慎地处理好失地农民就业稳定性与灵活性问题，在绝对的就业灵活性情况下追求其就业的相对稳定。

（二）失地农民就业稳定性的价值判断标准

从上面的分析中，我们可以看到失地农民的就业稳定性（或是就业的流动性/灵活性）应有一个标准或是合理区间。我们将从社会主义市场经济体制的行为主体效用和福利出发，通过效用最大化原理来讨论失地农民就业稳定性的价值判断标准。

1. 失地农民个体效用角度

失地农民更换工作的原因繁多，从个体角度来看，可以归纳为三方面诉求。其一，提升收入。失地农民对目前的工作薪酬不满意，选择离开收入较低的工作岗位而跳槽到较高收入的工作岗位，这是最正常不过的行为。但择业者寻找更高薪酬的工作往往需要时日，因此，频繁更换工作的结果却不一定总能带来收入的提升；相反，可能会降低实际收入。其二，提升其个人的人力资本。技能水平较低的失地农民对其自身人力资本提升的重视程度较之以前有了很大的提高。为此，已就业者甚至愿意暂时放弃较高工资的工作，而选择那些更有发展空间但眼下支付工资不高的用人单位进行学习、接受培训，以便提升自身的人力资本。其三，为了子女通过教育实现阶层跨越。不少有关失地农民就业的微观调查显示，相当一部分失地农民对其子女的培养越来越重视，他们不愿意其子女继续守在农村，因此他们往往通过快速的工作流动来争取实现自我价值，为了下一代能获取优良的教育资源而举家搬迁至教育资源更优质的城区。

综合以上情况，如果是出于前两种原因引起的工作变动，显而易见，一定程度上合理的工作流动会带来失地农民个体效用增加，个体效用得到提升；但没有节制的高频率更换工作既不能带来人力资本的更好积累，也无法带来实际收入的提高。若是出于第三种原因引起的更换工作，则完全可以预期这样的工作变动一定不会太频繁；相反，更能促进失地农民就业的稳定性。因此，从失地农民个体效用的角度来看，失地农民个体效用与其更换工作的次数（代表其就业稳定性）存在理论上的倒 U 型关系，即存在就业稳定性的一个合理区间，在此区间之外都不能达到个体效用最优的目标，如图 1-3 所示。

本课题研究认为，如失地农民在更换工作过程中得到了技能的提高，其人力资本存量得以提升，个人收入增加了，工作环境得到了改善等，这种程度上的流动对失地农民而言，就属于一种理性的流动；反之，就属于一种非理性的流动，不利于实现失地农民个体

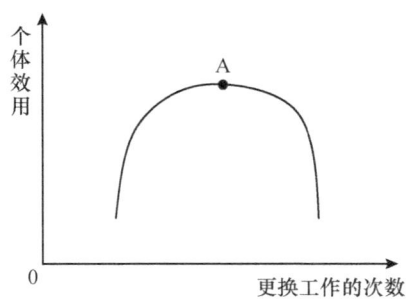

图1-3 失地农民更换工作的次数与个体效用关系图

注：本图为作者手绘而成。

效用的最大化。

2. 企业效用角度

失地农民已逐渐成为企业劳动力的重要组成部分，该群体就业稳定与否，直接或间接地影响着企业各方面能否正常运转，如企业生产能力的提升、生产计划的执行、生产组织的实施等能否实现。

一方面，从企业产品更新的角度来看，失地农民的工作太稳定对企业来说可能也并不完全是一件好事，因为生产员工长时间不更新，企业就失去了产品创新的思想源头，不利于提高产品在市场中的竞争力。但生产员工若流动得太过频繁，产品的质量就得不到保证，甚至产品的正常生产都会受到影响，企业的运营更不能处于理想状态，或者说是企业的损失更大。另一方面，从企业人力资本积累的角度来看，员工稳定不变，似乎可以节约不少培训成本，但人力资本的核心——创新性就会受到很大影响；若员工变换过多，除了会导致企业培训成本加大以外，还可能使企业文化无法传承、技术培养不能得到很好的接续。此外，就劳动力成本来说，失地农民过于频繁的流动将加大企业招聘成本，使企业利润降低；严重时可能引发所谓的"用工荒"，即根本招不到员工，以至于企业不得不停产停工，甚至造成更坏的结果。

如果失地农民在某一企业的就业时间短到企业没有动力甚至没有机会对其进行技能培训，从而影响到企业的招聘成本、产品质量和企业经营绩效，影响到企业利润等，那么这样的情况就应被视为不稳定就业。企业就应该重视这个问题，采取相应的激励措施来稳定、留住失地农民。企业还可以分析失地农民在企业工作年限与其绩效、企业利润之间的关系，从而找出他们在企业工作的最佳年限区间，为企业确定劳动合同期限、制定激励措施提供决策依据。

3. 政府效用角度

政府在鼓励失地农民合理有序流动的同时，要通过制定相应的法律法规来保障劳动力流动过程中用人单位与失地农民双方的权益，从制度层面解决失地农民流动中出现的问题。一般来讲，如果失地农民流动过于频繁，政府需要承担的公共服务支出就会越高，社会需要承担的风险也越大。政府要通过宏观指标（比如失地农民公共就业服务财政资金支出、失地农民收入水平及增长幅度、企业创造力指数、企业利润水平、社会和谐稳定度等）来监测这种流动是否有助于失地农民收入水平的提高、生活福祉的增进以及企业经营绩效的提高与社会的和谐稳定等。

4. 社会总效用角度

社会主义市场经济体制中主要有三大行为主体：个人、企业和政府。共同的体制载体使行为主体目标既有静态上的一致性，也有动态上的冲突性。我们可以在社会总效用最大化的理论框架下，求解失地农民就业稳定性的最优区间。

社会总效用最大化函数公式如下：

$$F = n_1 \sum F_1 + n_2 \sum F_2 + n_3 \sum F_3$$

式中，F表示社会总效用；$\sum F_1$表示失地农民的各项效用（收入、人力资本、家庭和谐等）之和；$\sum F_2$表示企业的各项效用（产品质量、企业利润、劳动力成本等）之和；$\sum F_3$表示政府的各项效用（公共就业服务财政资金支出、社会和谐稳定等）之和；n_1、n_2、n_3分别表示失地农民个体效用、企业效用和政府效用在社会总效用中所占的权重（$n_1+n_2+n_3=1$）。n_1、n_2、n_3的具体数值取决于政府在一定时期内的施政目标，也就是政府当前的主要任务更多倾向于哪一方，越倾向于哪一方则其所占的权重就越大。

因此，要达到社会总效用最大化，失地农民的就业稳定性就存在一个合理的区间。鉴于数据的可获得性及理论模型的模糊性，这一区间的求解将是未来研究需要突破的问题。

四、研究技术路线、研究内容与研究方法

(一)研究技术路线

本课题研究的技术路线图详见图1-4。

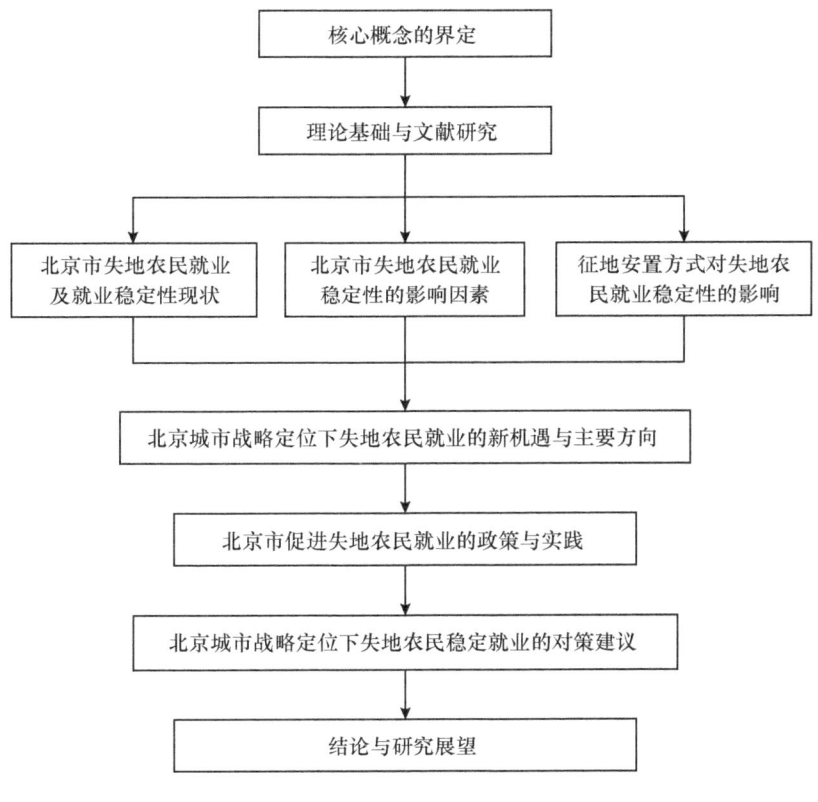

图1-4　研究技术路线图

(二)研究内容

本课题研究首先对北京城市战略定位、失地农民、就业稳定性等核心概念进行了清晰的界定,对所涉及的相关理论及文献进行了

系统回顾。在此基础上，重点研究以下四方面内容：

一是基于课题组问卷调查数据，分析北京市失地农民就业及就业稳定性现状。

二是基于课题组问卷调查数据，分析北京市失地农民就业稳定性的影响因素、征地安置方式对失地农民就业稳定性的影响。

三是分析北京城市战略定位给失地农民就业带来的挑战，以及北京城市战略定位下失地农民就业的主要方向，并对北京市促进失地农民就业的政策与实践进行较为系统的回顾。

四是提出促进北京市失地农民稳定就业的对策建议。

（三）研究方法

本课题在研究过程中努力做到理论与实践、定性与定量、宏观与微观等方面的有机结合。具体研究方法如下：

1. 文献研究法。运用文献研究法，收集与就业稳定性、失地农民就业相关的统计资料、研究报告、专著、论文等文献资料。

2. 调查研究法。通过问卷调查对北京市失地农民就业现状、问题等进行调查，从微观层面深入了解实际情况。

3. 计量统计分析法。对北京市失地农民就业现状，尤其是就业稳定性状况进行描述性统计，在分析北京市失地农民就业稳定性的影响因素时综合运用二元逻辑回归（binary logistic regression）分析方法来定量测度各种因素对就业稳定性的影响大小。

五、可能的创新点

（一）失地农民就业稳定性的价值判断

本课题研究在辩证阐述就业稳定性与灵活性的关系时，运用科研组织寿命曲线和库克曲线加以说明，并从社会主义市场经济体制的行为主体效用角度出发，运用效用最大化原理探讨失地农民就业稳定性的价值判断标准，尝试为就业稳定性的价值判断提供一种研究范式。

（二）失地农民就业稳定性影响因素的定量分析

本课题研究运用二元逻辑回归分析了失地农民就业稳定性的影响因素，主要包括个人特征变量（如年龄、性别、婚姻状况、受教育程度、征地时有无工作、取得的职业资格证书等级、工作年限等）和单位特征变量（月工资、社会保险、单位类型和所属行业、岗位类型等）。

（三）征地安置方式对失地农民就业稳定性的影响分析

本课题研究运用中介效应模型，分析征地安置方式对失地农民就业稳定性的影响。征地安置政策通过直接效应和中介效应两种方式影响失地农民的就业稳定性，且中介效应在征地安置方式对失地农民的就业稳定性的影响中具有重要作用。这为今后政府进一步优化征地安置政策提供了参考依据。

（四）北京城市战略定位下失地农民就业的新机遇与主要方向的分析

本课题研究辩证地分析了北京市"四个中心"的城市战略定位

与失地农民的关系、"四个中心"的城市战略定位给失地农民就业带来的新机遇,进一步分析了北京城市战略定位下失地农民就业的主要方向。

第二章 理论基础与文献述评

在清晰界定北京城市战略定位、失地农民、就业稳定性等核心概念，对失地农民就业稳定性作出价值判断的基础上，本章将对失地农民就业相关的理论基础进行阐述，并对国内外失地农民就业稳定性的相关研究进行述评。

第一节 理 论 基 础

一、人力资本理论

20 世纪 60 年代初舒尔茨（Schultz）率先提出，劳动者对于正规教育、培训、迁移和健康的投资最终会形成个人的人力资本。人力资本作为一种人格化的知识和技能，将使其拥有者在劳动力市场中获得更高的收益和回报。人力资本理论的主要内容包括以下四点：（1）人力资本是一切资源中最主要的资源；（2）人力资本的作用大于物质资本的作用；（3）教育投资是人力投资的主要部分；（4）教育投资应以市场供求关系为依据。

由于城乡二元结构的存在，农村长期处于相对落后的经济状态，人力资本投入少，失地农民没有接受过相关的职业教育和就业培训，整体素质偏低，这使得失地农民在就业时不容易寻求到满意的工作，进而导致其就业稳定性较差。

二、劳动力市场分割理论

劳动力市场分割理论，也被称为双重劳动力市场模型，是美国经济学家多林格尔（Doeringer）和皮奥里（Piore）于20世纪60年代提出的。劳动力市场分割是指，由于社会和制度性因素的作用，形成了劳动力市场的部门差异，不同人群获得劳动力市场信息以及进入劳动力市场的渠道存在一定的差别，导致不同人群在就业部门、职位以及收入模式上出现明显差异。双元结构论把劳动力市场划分为一级市场和二级市场。一级市场具有工资高、工作条件好、就业稳定、安全性好、管理过程规范、升迁机会多等特征；二级市场则存在工资低、工作条件较差、就业不稳定、管理粗暴、没有升迁机会等情况。

劳动力市场分割直接带来了劳动力市场歧视。歧视的原因来自劳动力的需求方（主要是雇主的主观偏见和市场垄断因素等）和劳动力的供给方（包括两方面因素：一是劳动力供给方的基因属性，如种族、性别、年龄、身高等；二是社会因素作用在供给方身上从而表现出来的差异，如教育、家庭分工等）。

由于劳动力市场分割与歧视的存在，失地农民往往处于二级市场，在获取劳动力市场信息方面也显得较为闭塞。部分失地农民可能拥有较强的适应能力和工作能力,但却不能匹配到适合的工作,从而导致其就业稳定性有所降低。

三、工作搜寻理论

劳动力市场信息的非完全性和非对称性,使得同一行为主体可能获得不同水平的工资,因此求职者要在劳动力市场进行工作搜寻,以便获得尽可能高的工资。现代工作搜寻理论形成于20世纪70年代,由麦考尔(McCal)和莫藤森(Mortensen)加以模型化。根据工作搜寻理论,只要怀有通过寻找工作来改善福利的希望,行为主体就会不断地寻找工作,寻找工作的持续时间取决于行为主体的偏好及他们所处的环境的全部特征。寻找工作的最佳策略是选择代表自身能够接受的最低报酬的保留工资,而保留工资的变化则取决于个人的搜寻成本。因此,在劳动力市场中,"失业"可以被看作一种耗费搜寻成本来获得更优报酬的"投资性"活动。1977年,莫藤森利用搜寻模型研究得出提高失业保险金水平和延长失业保险金给付期限会降低工作搜寻强度的结论。①

一方面,失地农民自身在获取劳动力市场信息方面,主要依赖于周边亲朋好友的介绍和来自政府的公共就业服务。在获取工作信息方面,他们与其他市场就业主体相比,存在着天然的不足,这使他们搜寻工作的时间更长。另一方面,失地农民获得了征地所带来

---

① MORTENSEN D T. Unemployment insurance and job search decisions [J]. Industrial & labor relations review, 1977, 30 (4).

的安置保障，其就业的保留工资有所提高。而保留工资的提高，必然使得失地农民为了在劳动力市场找到让自身满意或能够接受的工作花费更长的搜寻时间。

四、失业理论

按照失业的成因，失业分为摩擦性失业、结构性失业、技术性失业、季节性失业、周期性失业和隐性失业。

摩擦性失业是指在转换工作过程中，由难以避免的摩擦造成的劳动者短期性的或过渡性的失业。摩擦性失业通常起源于劳动力供给方，造成失业的原因在于劳动力市场具有一种内在的动态性，信息流是不完全的，失业劳动者和有岗位空缺的企业在相互寻找的过程中需要花费一些时间。这种失业在性质上是过渡性的或短期性的。失地农民的工作搜寻期与一般市场就业主体相比，时间更长一些。也就是说，失地农民更容易发生摩擦性失业，失业期更长。

结构性失业是指由劳动力供给和需求不匹配造成的失业，其表现为既有失业，又有空缺岗位。结构性失业在性质上是长期的，通常起源于劳动力需求方，即在特定市场和区域中，对特定类型劳动力的需求相对低于其供给。在此情况下，结构性失业可能由以下3种原因导致。一是技术变化。原有劳动者不能适应新技术的要求，或者是技术进步使得企业对劳动力的需求有所下降。二是消费者偏好的变化。消费者对产品和劳务的偏好的改变，使得某些行业扩大而另一些行业缩小。在规模缩小行业从业的劳动者由此失去工作岗位。三是劳动力缺乏流动性。流动成本的存在制约着失业者从一个地方或一个行业流动到另一个地方或另一个行业，从而造成结构性失业的长期存在。由于失地农民自身技能普遍较低，满足不了用人单位在技术技能上的要求。对于失地农民较多从事的服务业岗位，雇主往往更加愿意选择性价比更高的外来务工人员。此外，北京市作为首都所带来的地缘优势，也使得北京市绝大多数失地农民不愿离开本地到外地去就业。这些原因都导致北京市失地农民必然会遭遇结构性失业。

技术性失业是指由技术进步所引起的失业。在经济增长过程中，技术进步引发的必然趋势是企业在生产中越来越广泛地采用先进的技术、设备替代工人的劳动。这样，企业对劳动力需求的相对减少就会使失业人数增加。此外，在经济增长过程中，资本品价格的相对下降和劳动力价格的相对上升强化了机器取代工人的趋势，从而也加剧了这种失业。属于技术性失业的工人一般文化、技术水平较低，不能适应现代化技术要求的工作。失地农民是城市化进程推进的衍生物，城市化必然带来产业结构转型升级，随之而来的是技术进步，失地农民的人力资本存量与投入不足，必然会遭遇技术性失业。

季节性失业是指由气候状况有规律的变化对生产、消费产生影响从而引起的失业。形成季节性失业的原因主要有两个方面。一是一些部门或行业对劳动力的需求随季节的变化而波动，如农业、旅游业、建筑业、航运业等。二是一些行业会随季节的不同而遇到销售的高峰和低谷，如服装、制鞋、汽车等行业，从而影响其对劳动力的需求，造成季节性失业。季节性失业的特点主要包括：地理区域性较强、行业性差别较大、有规律性。一些失地农民从事的行业带有季节性特点，从而会遭遇季节性失业。

周期性失业又称总需求不足的失业，是指由整体经济的支出和产出水平下降即总需求不足而引起的失业。它一般出现在经济周期的萧条阶段。这种失业与经济的周期性波动是一致的，在经济繁荣时周期性失业率下降，在经济萧条时周期性失业率上升。在经济复苏和繁荣阶段，各企业争先扩大生产，就业人数普遍增加。在经济衰退和萧条阶段，由于社会需求不足，市场前景暗淡，各企业又纷纷压缩生产，大量裁员，形成失业大军。周期性失业的失业人口众多且分布广泛，是经济发展面临的最严峻的局面，通常需要较长时间才能恢复。绝大多数就业群体都难以逃脱周期性失业，失地农民自然也不例外，而且由于他们大多处于二级劳动力市场，可能处在周期性失业的最前线。

隐性失业是指表面上有工作，但实际上对产出并没有做出贡献的人，即有"职"无"工"的人。也就是说，这些工作人员的边际生产力为零。当社会出现就业人员减少而产出水平没有下降时，即存在着隐性失业。美国著名经济学家阿瑟·刘易斯（W. Arthur Lewis）曾指出，发展中国家的农业部门存在着严重的隐性失业。这种失业类型在失地农民中很少出现。

总之，对于失地农民群体而言，摩擦性失业、技术性失业、季节性失业、周期性失业都可能存在,但他们主要面临的还是一定的结构性失业问题,即其所拥有的技能不能与就近提供的工作岗位很好地匹配,从而导致其就业稳定性较差。

五、劳动-闲暇理论

劳动供给涉及劳动者对其拥有的既定时间资源的分配。劳动者可以被看作消费者,他们在劳动和闲暇二者之间进行的选择,就是在劳动报酬和闲暇之间进行选择,以满足个体效用最大化的愿望。经济学家用劳动-闲暇模型来解释为什么随着工资的增长,人们的劳动供给曲线是向后弯折的。劳动的报酬是工资,而闲暇的机会成本也是工资。当工资上升时,人们一方面会倾向于增加劳动供给,用劳动来代替闲暇,这是高工资给人们的激励,被称为替代效应。另一方面,随着工资的上涨,人们每小时所得的劳动报酬相应增加,同样的劳动时间人们就获得了更多的钱,因此他们又会倾向于减少劳动供给去享受更多的闲暇,这被称为收入效应。在这两种效应的共同作用下,才会产生向后弯折的劳动供给曲线。1982年,莫菲特(Moffitt)和尼克尔森(Nicholson)在劳动-闲暇模型中加入了失业保险,发现失业保险的"纯收入效应"会使劳动者增加闲暇。①

依据征地安置政策,失地农民可以获得住房分配或者相应的经

---

① MOFFITT R, NICHOLSON W. The effect of unemployment insurance on unemployment [J]. The review of economics and statistics, 1982, 64 (1).

济补偿。此外，由于失去土地具有一定的被迫性，失地农民会不间断地向政府寻求救助。两种方式均会产生"纯收入效应"，它会减弱失地农民的就业意愿，进而降低其就业稳定性。

第二节 国外相关研究述评

国外与本课题相关的研究主要集中在农民非农就业、对就业稳定性的测量，以及就业稳定性的影响因素3个方面。

一、关于农民非农就业方面的研究

从20世纪30年代开始，欧美发达国家就有农民非农就业研究的成果出现。不过，国外文献中并没有失地农民这个概念。学者对农民非农就业问题的研究主要探讨在劳动力市场充分竞争的情况下，农民非农就业与城镇化、人力资本、地租和经济收入等因素之间的关系，其研究重点主要集中在农民的迁移和流动方面。在理论研究方面，比较著名的有刘易斯（Lewis）等人的农村剩余劳动力理论等。这些理论都是从成本-效益的角度来解释人们的迁移和流动行为，认为农民迁移和流动与城镇化和工业化有着密切的联系，农民迁移和流动是为了获得更多的经济机会。在实证研究方面，有学者从人力资本视角开展相关研究，如奈特和宋（Knight 和 Song，

1999)①、拉斯洛（Laszlo，2008）② 研究发现，受教育程度对农民就业机会产生了积极影响，即教育增加了农民非农就业的概率。从早期简单的普通最小二乘回归（OLS）分析（Luft，1975）③ 发展到后来的联立方程估计（Lee，1982）④ 以及赫克曼（Heckman）两阶段模型（Chirikos 和 Nestel，1985⑤；Stern，1996⑥）等，所得结论都支持人力资本积累对非农就业的正向影响。

二、关于就业稳定性测量方面的研究

对就业稳定性的测量包括宏观和微观两个层面。在西方发达国家，劳动力市场的宏观层面研究对就业稳定性的重视程度远远超过国内，甚至不亚于对失业的重视程度。国外学者认为，就业稳定性是影响就业质量的重要因素之一。20 世纪 90 年代，就业稳定性的概念和测量开始发展起来，其中受关注较多的是就业稳定性的测

---

① KNIGHT J，SONG L. The rural-urban divide：economic disparities and interactions in China [M]. New York：Oxford University Press，1999.
② LASZLO S. Education，labor supply，and market development in rural Peru [J]. World development，2008，36 (11).
③ LUFT H S. The impact of poor health on earnings [J]. The review of economics and statistics，1975，57 (1).
④ LEE L F. Health and wage：a simultaneous equation model with multiple discrete indicators [J]. International economic review，1982，23 (1).
⑤ CHIRIKOS T N，NESTEL G. Further evidence on the economic effects of poor health [J]. The review of economics and statistics，1985，67 (1).
⑥ STERN S. Semiparametric estimates of the supply and demand effects of disability on labor force participation [J]. Journal of econometrics，1996，71 (1).

量。法布尔（Farber，1997）①和博伊斯乔利等人（Boisjoly, et al., 1998）②用临时解雇的比例和停工的数量来表示整个社会就业的不稳定性。达瓦纳和埃尔勒（Davoine 和 Ehrel，2006）针对欧洲就业质量问题提出，就业稳定性主要体现在就业任期和离职率两项指标中。③塞恩布鲁赫（Sehnbruch，2004）提出，就业稳定性可以通过任期的长短来测量，将任期划分为不足3年、3~5年、超过5年，只有当任期超过5年才是稳定就业。④

国外学者在微观层面上往往用离职率对就业稳定性进行测量，同时也用工作任期来衡量工作的稳定性，当任期超过一定年限才是稳定就业。这方面比较有代表性的文献主要包括戴博等人（Diebold, et al., 1996）⑤、戈特沙尔克和莫菲特（Gottschalk 和 Moffitt，1999）⑥、

---

① FARBER H S. The changing face of job loss in the United States, 1981-1995 [R]. Brookings papers on economic activity: microeconomics, 1997.

② BOISJOLY J, DUNCAN G J, SMEEDING T. The shifting incidence of involuntary job losses from 1968 to 1992 [J]. Industrial relations, 1998 (37).

③ DAVOINE L, EHREL C. Monitoring employment quality in Europe: European employment strategy indicators and beyond [R]. Document de travail, 2006.

④ SEHNBRUCH K. From the quantity to the quality of employment: an application of the capability approach to the Chilean labor market [R]. Center for Latin American Studies (CLAS working papers), 2004.

⑤ DIEBOLD F X, NEUMARK D, POLSKY D. Comment on Kenneth A. Swinnerton and Howard Wial. Is job stability declining in U. S. economy? [J]. Industrial and labor relations review, 1996 (49).

⑥ GOTTSCHALK P, MOFFITT R. Changes in job instability and insecurity using monthly survey data [J]. Journal of labor economics, 1999 (17).

第二章　理论基础与文献述评

塞恩布鲁赫（Sehnbruch，2004）①、达瓦纳和埃尔勒（Davoine 和 Ehrel，2006）② 等的论文。目前，国际上比较常见的方法，是用一个人做一份工作达到 6 个月以上的可能性来衡量就业稳定性。具体计算时，可以用一个人曾经做过的工作的平均持续时间或更换工作的次数来度量。

三、关于就业稳定性影响因素方面的研究

在宏观层面，对于发达国家就业稳定性降低的原因，林杰奎斯特（Ljungqvist，2002）③ 认为是就业灵活性政策导致的劳动力市场灵活性增加造成的；而阿西莫格鲁（Acemoglu，2002）④ 则认为技术进步导致不同技能水平劳动力之间存在就业差异，从而使得就业稳定性下降。

在微观层面，国外学者对就业稳定性影响因素的研究往往集中在对员工离职倾向的影响因素进行研究。马金斯基和莫罗（Muchin-

---

① SEHNBRUCH K. From the quantity to the quality of employment: an application of the capability approach to the Chilean labor market [R]. Center for Latin American Studies (CLAS working papers), 2004.
② DAVOINE L, EHREL C. Monitoring employment quality in Europe: European employment strategy indicators and beyond [R]. Document de travail, 2006.
③ LJUNGQVIST L. How do lay-off costs affect employment [J]. Economic journal, 2002 (482).
④ ACEMOGLU D. Technical changes, inequality, and the labor market [J]. Journal of economic literature, 2002 (1).

sky 和 Morrow，1980)① 将离职倾向的影响因素划分为 3 个维度：工作关系因素、经济机会因素和个人因素。波马基等人（Pomaki, et al.，2010)②、布洛姆等人（Blomme, et al.，2010)③ 则从组织文化、环境等方面分别研究了其对员工离职倾向的影响，员工的离职倾向同个人与组织的匹配程度相关，并同组织文化、环境、个体特征等因素均存在或大或小、或正向或反向的相关关系。

四、对国外已有研究成果的评价

通过对国外学者与本课题研究主题相关的研究进行回顾，不难发现国外学者对就业稳定性的研究比较丰富，集中在离职倾向及其影响因素、工作平均持续时间、更换工作的次数等方面。这些研究为我国研究就业稳定性问题提供了极具参考价值的思路借鉴，比如宏观和微观的研究双视角、可借鉴的测量指标和影响指标等。但由于国外没有"失地农民"这个概念，因而鲜有失地农民就业稳定性问题这方面的研究。

---

① MUCHINSKY P M, MORROW P C. A multidisciplinary model of voluntary turnover [J]. Journal of vocational behavior, 1980 (17).

② POMAKI G, DELONGIS A, FREY D, SHORT K, WOEHRLE T. When the going gets tough: direct, buffering and indirect effects of social support on turnover intention [J]. Teaching and teacher education: an international journal of research and studies, 2010, 26 (6).

③ BLOMME R J, VAN RHEEDE A, TROMP D M. Work-family conflict as a cause for turnover intentions in the hospitality industry [J]. Tourism & hospitality research, 2010, 10 (4).

第三节 国内相关研究述评

国内与本课题相关的研究主要集中在国外解决农民非农就业问题经验介绍、失地农民就业问题、就业稳定性3个方面。

一、关于国外解决农民非农就业问题经验介绍方面的研究

发达国家由于较早地开展了工业化和城市化，在解决农民非农就业问题上积累了一定的经验。花文苍（2007）介绍了发达国家和地区在工业化进程中解决失地农民问题①的历史经验，其解决失地农民就业问题的措施主要包括：美国积极培育主导产业，解决失地农民就业问题；日本注重地方小都市综合功能的培育，以增加失地农民的就业机会。② 刘民培和刘静静（2016）系统介绍了美国、英国、法国、韩国、日本5个国家解决失地农民问题的经验，在此基础上提出了对我国就业方面的启示。③ 此外，廖红丰（2006）④、刘

---

① 部分国内学者在对国外解决农民非农就业问题进行研究时，为了便于与国内情况进行对照，将国外的"农民非农就业问题"翻译成"失地农民问题""失地农民就业问题"或"失地农民生计保障问题"等，本段引用时未做修改。——编者注
② 花文苍.国外解决失地农民问题的经验及启示［J］.江西农业学报，2007（8）.
③ 刘民培，刘静静.国外解决失地农民问题的经验研究［J］.世界农业，2016（10）.
④ 廖红丰.发达国家解决失地农民问题的借鉴与启示［J］.新疆农垦经济，2006（2）.

峰和杨志平（2012）①、张璐（2014）② 也都做了类似的研究。

二、关于失地农民就业问题方面的研究

胡加荣（2007）通过调研提出了北京城市边缘区失地农民就业中存在的问题：部分农民缺乏稳定的收入，感到生活水平降低；部分失地农民首次就业率高，但存在二次失业；部分失地农民就业质量不高，存在隐性失业。③ 李琦（2010）认为，北京市执行的有关建设征地补偿办法存在着对失地农民利益保障不足的缺陷，并提出了如下政策建议：将短期安置与长期安置相结合，将弱势群体与强势群体相区别，就业意识培训指导与技能培训指导并重，并明确定位竞争性就业安置与公益性就业安置等配套政策。④ 刘广兴（2010）认为，北京市失地农民在就业安置方面存在着如下问题：安置就业难、就业质量差，就业促进政策没有考虑失地农民的特殊性，一次性就业补助政策对自谋职业者缺乏约束机制。⑤ 罗凌云和胡仕勇（2014）通过定量分析发现，失地农民的就业保障因素对失地农民

---

① 刘峰，杨志平. 国内外解决失地农民生计保障问题的经验研究及启示 [J]. 内蒙古农业大学学报（社会科学版），2012（5）.
② 张璐. 浅论国外解决失地农民保障的经验及启示 [J]. 山西高等学校社会科学学报，2014（4）.
③ 胡加荣. 北京失地上楼农民就业的政策选择 [J]. 首都经济贸易大学学报，2007（3）.
④ 李琦. 北京市城市化进程中失地农民安置政策与实践研究 [J]. 北京劳动保障职业学院学报，2010（3）.
⑤ 刘广兴. 北京市失地农民社会保障政策研究 [J]. 劳动保障世界（理论版），2010（9）.

职业转型产生了显著影响。① 王轶和石丹淅（2016）以北京地区失地农民为研究对象，研究北京地区城镇化进程中失地农民就业质量的变化及其影响因素，他们在失地农民就业质量的影响因素分析中加入了就业安置这一虚拟变量，但该文献只考虑了一种失地安置方式对就业质量的影响。② 陈建伟和王轶（2017）基于2015年的入户调查数据提出，虽然政府就业安置政策大幅度提升了失地农民在农林牧渔、餐饮娱乐、物业管理与保洁等行业的就业概率，即保持了初次就业安置的成功率，但是上述行业具有的低稳定性、低保障等特点，导致就业安置政策的长期效果有所降低；对于接受就业安置的失地农民群体，就业安置政策对实现稳定就业的因果效应为0.45。③ 上述学者主要围绕北京市失地农民安置就业展开研究。

此外，也有一些学者对国内其他城市的失地农民就业问题进行了研究。高君和汪清（2010）④、祁林德（2013）⑤、陈浩和陈雪春

---

① 罗凌云，胡仕勇. 就业保障因素对失地农民职业转型的影响研究 [J]. 农村经济，2014（8）.
② 王轶，石丹淅. 失地农民就业质量的演进：基于北京地区的跟踪调查数据 [J]. 经济经纬，2016（4）.
③ 陈建伟，王轶. 就业安置政策增加失地农民稳定工作机会了吗：基于特大型城市的数据 [J]. 财贸研究，2017（1）.
④ 高君，汪清. 城市化进程中失地农民就业问题研究：以浙江省杭州市为例 [J]. 昆明理工大学学报（社会科学版），2010（1）.
⑤ 祁林德. 河南省城市化进程中失地农民就业问题研究 [J]. 兰州教育学院学报，2013（8）.

(2013)①、黄翅清和刘小玲（2014)②、天凯民（2013)③、梁武等人（2014)④、李俊峰等人（2016)⑤、胡江陵（2016)⑥ 分别对浙江省杭州市、河南省、长三角地区、广东省中山市、湖北省武汉市、云南省昆明市、安徽省芜湖市、海南国际旅游岛等地失地农民再就业问题进行了研究。

三、关于就业稳定性方面的研究

20世纪90年代至21世纪初，国内学者围绕就业稳定性的相关测量指标、就业稳定性的影响因素等主题做了一些研究。2010年以后，关于就业稳定性的研究进入快速增长期。谌新民和袁建海（2012）从工作转换次数、劳动合同期限两个方面来测量就业稳定性。⑦ 谢勇（2015）从更换就业城市的频率、更换工作单位的频率、就业持续时间、是否和目前雇主签订劳动合同4个方面对新生代农

---

① 陈浩，陈雪春. 城镇化进程中失地农民就业分化及特征分析：基于长三角858户调研数据 [J]. 调研世界，2013（7）.
② 黄翅清，刘小玲. 珠三角失地农民就业安置意愿及其影响因素分析：基于中山市6区镇的实证研究 [J]. 广东农业科学，2014（2）.
③ 天凯民. 城市化进程中失地农民就业问题研究：基于湖北省武汉市的实证分析 [J]. 学理论，2013（23）.
④ 梁武，李秋生，曾健国，等. 昆明城市化进程中失地农民就业问题研究 [J]. 农村经济与科技，2014（9）.
⑤ 李俊峰，甘伟，高凌宇. 失地农民就业空间特征及行为模式研究：以安徽省芜湖市为例 [J]. 人文地理，2016（3）.
⑥ 胡江陵. 论失地农民就业保障体系的构建：以海南国际旅游岛为例 [J]. 人民论坛，2016（5）.
⑦ 谌新民，袁建海. 新生代农民工就业稳定性的工资效应研究：以东莞市为例 [J]. 华南师范大学学报（社会科学版），2012（5）.

民工的就业稳定性进行了综合考查。① 关于就业稳定性的影响因素方面，陈昭玖等人（2011）发现，新生代农民工就业的稳定性受年龄、择业机会识别、工资、企业用工环境等多种因素的影响。② 肖红梅（2014）基于职业锚理论实证分析了新生代农民工就业稳定性的影响因素。③ 何筠和张嘉佳（2021）认为，个体特征、社会角色和职业价值观对新生代农民工的就业稳定性具有影响，其中社会角色和职业价值观的影响更为显著，而个体特征对老一代农民工影响更为显著。④

相较于普通农民工，失地农民的就业稳定性具有一定的特性。首先，失地农民的就业稳定性存在很强的心理诱因。陈运遂（2007）的研究发现，失地农民会出现社会性资源获取型分化和个体性资源利用型分化。⑤ 社会性资源获取型分化使得失地农民在心理上产生不公平感，个体性资源利用型分化使得部分失地农民成为新生贫困层，进而产生对政府的依赖心理，这两种分化均会对失地农民的就业稳定性产生较大影响。其次，从影响就业稳定性的因素

---

① 谢勇. 就业稳定性与新生代农民工的城市融合研究：以江苏省为例 [J]. 农业经济问题，2015（9）.
② 陈昭玖，艾勇波，邓莹，等. 新生代农民工就业稳定性及其影响因素的实证分析 [J]. 江西农业大学学报（社会科学版），2011（1）.
③ 肖红梅. 新生代农民工就业稳定性影响因素研究：基于职业锚理论的实证研究 [J]. 商业时代，2014（24）.
④ 何筠，张嘉佳. 新生代农民工就业稳定性的影响因素及代际差异研究 [J]. 江西社会科学，2021（2）.
⑤ 陈运遂. 失地农民的社会心理对社会稳定的影响及对策 [J]. 农村经济，2007（9）.

来看，除了考虑年龄、教育、工资等共性影响因素外，还需要考虑安置方式的影响。前面已经提到，王轶和石丹淅（2016）在失地农民就业质量的影响因素分析中就加入了就业安置这一虚拟变量，但该文献只考虑了一种失地安置方式对就业质量的影响。① 张来雪和于莉（2020）认为，失地农民的人力资本水平普遍偏低，他们在再就业过程中会面临困境，导致这一问题的个体影响因素主要是失地农民的人力资本投入不足，失地农民群体就业意愿普遍较低。②

四、对国内已有研究成果的评价

通过对上述国内相关文献的回顾不难发现，关于就业稳定性的研究主要聚焦于（新生代）农民工、流动人口、外出务工人员等群体，尤其以农民工居多，而关于失地农民就业稳定性方面的研究则相对较少。尽管失地农民具有农民工的一些特点，但较之农民工而言，失地农民又有其独特之处。首先，农民失地后从事非农就业属于被迫再就业而非自愿，因而受较强的心理因素主导，这是现有文献鲜有关注的。其次，失地农民的收入来源比较多元（其中，征地补偿占绝大部分），直接导致其就业意愿不如农民工强，因此在引入一般影响因素的同时，针对失地农民的就业特性，应加入征地安置方式的相关变量。此外，京津冀地区的地理优势使得北京市失地

---

① 王轶，石丹淅. 失地农民就业质量的演进：基于北京地区的跟踪调查数据［J］. 经济经纬，2016（4）.

② 张来雪，于莉. 失地农民再就业问题研究［J］. 合作经济与科技，2020（20）.

农民不愿外出就业，其流动性就业意愿比较低。当然，失地农民与农民工两大群体存在着交叉重叠，已有的研究成果为系统研究失地农民的就业稳定性提供了丰富的参考资料。

本 章 小 结

本章首先对本课题研究涉及的农民（失地农民）就业问题、就业稳定性相关理论进行了回顾，具体包括人力资本理论、劳动力市场分割理论、工作搜寻理论、失业理论和劳动-闲暇理论。随后，对国内外相关研究进行了系统梳理。国外学者对就业稳定性的研究比较丰富，集中在离职倾向及其影响因素、工作平均持续时间、更换工作的次数等方面。国内学者关于就业稳定性的研究主要聚焦于（新生代）农民工、流动人口、外出务工人员等群体，尤其以农民工居多，而关于失地农民就业稳定性方面的研究则相对较少。已有的研究成果为系统研究失地农民的就业稳定性提供了丰富的参考资料。

第三章　北京市失地农民就业及就业稳定性现状

为了具体深入地了解北京市失地农民就业及就业稳定性现状，课题组于2020年11—12月对北京市除东城区和西城区外的14个区的失地农民进行了实地调研。调研对象为拥有北京市户籍、在城市化进程中被建设征地，按照《北京市建设征地补偿安置办法》（北京市人民政府令第148号）享受补偿安置的失地农民，受访者年龄为20~59岁，被征地时间在2004年7月1日以后，被征地后有过非农就业或创业经历。此次调研首先选取通州、昌平、大兴、密云、怀柔、朝阳等区内失地农民较多的68个乡镇（街道办事处），再在每个乡镇（街道办事处）抽取2~3个村（居委会），每个村（居委会）再选取5户左右进行问卷调查。课题组共收集到调查问卷578份，剔除那些重要数据缺失或填写错误的调查问卷后，最终得到有效问卷500份。本章将基于此次问卷调查数据对北京市失地农民就业及就业稳定性现状进行实证分析。

需要说明的是，由于失地农民失地的时间跨度比较长，并呈零星分布，使得课题组寻找样本较为困难，且部分受访者对调查配合

第三章　北京市失地农民就业及就业稳定性现状

度不高,导致最终回收的有效问卷数量有限,这在一定程度上可能会给研究结论带来偏差。

第一节　失地农民个人基本情况

一、性别、年龄等情况

调查样本中,来自通州区的占20.0%,来自昌平区的占14.2%,来自大兴区的占13.4%,来自密云区的占13.4%,来自怀柔区的占12.2%,来自朝阳区的占5.8%,其余21.0%的样本来自除上述6区以外的其他8个区。样本的性别、年龄、婚姻状况、政治面貌等基本情况如图3-1所示。

二、被征地的时间

调查样本中,大部分失地农民是在2010年以前被征地的,其中2006—2010年被征地的比例最高,为78%,如图3-2所示。

据此可以推断,2006—2010年是北京市推进城市化进程的一个高峰期。

三、被征地后的户口性质

调查样本中,75%的农民在被征地后将户口转为非农业户口,仍有25%的失地农民保留了农业户口(见图3-3),这说明一部分

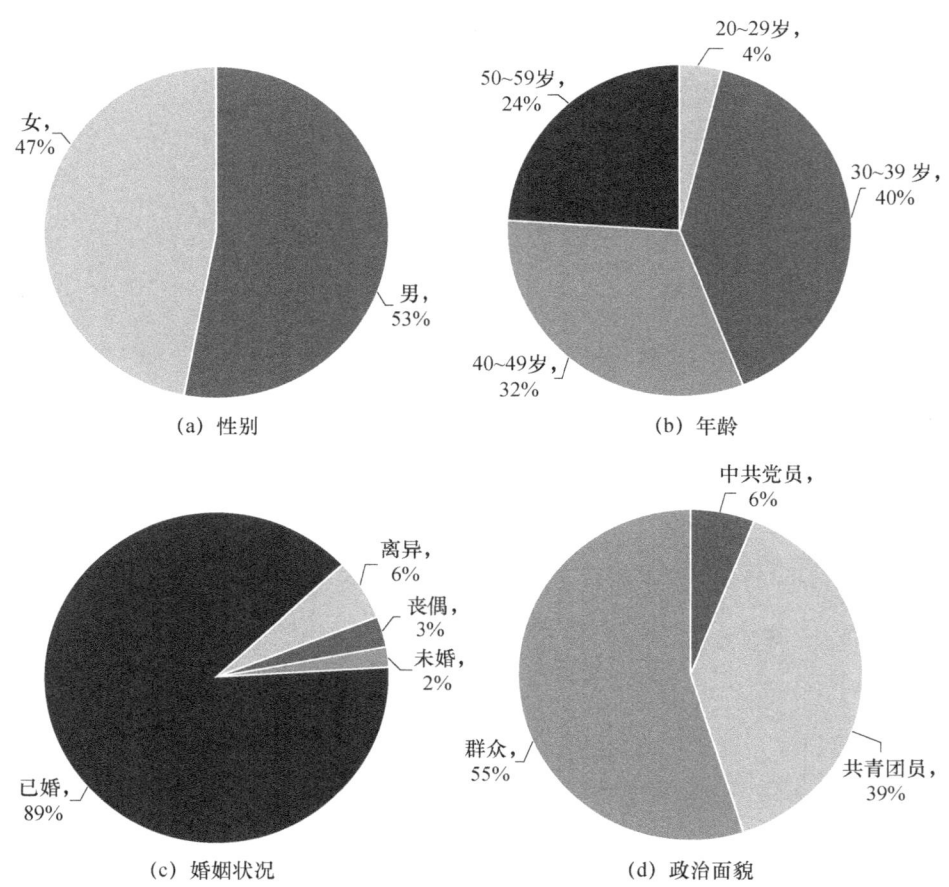

图 3-1 样本基本情况

失地农民对农业户口还是比较依恋的,他们并不愿意"农转非"。这些失地农民担心自己转变为市民后会失去土地资源保障而遭遇生计风险,所以不敢轻易放弃农民身份。在经历征地拆迁之后,大部分城郊农民的生活保障主要来自征地拆迁补偿和集体经济保障。很多村集体在征地后还保留部分留用地并以此发展集体经济,集体经

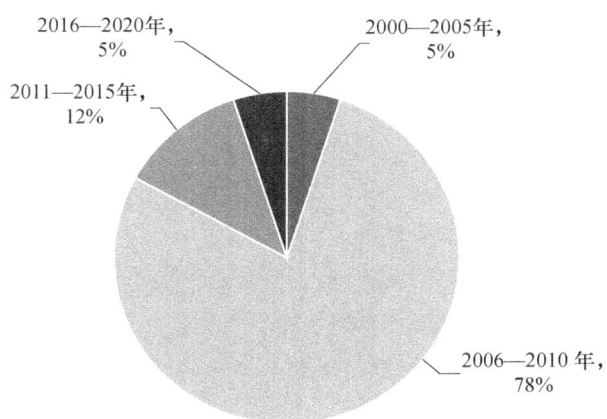

图 3-2 失地农民被征地的时间

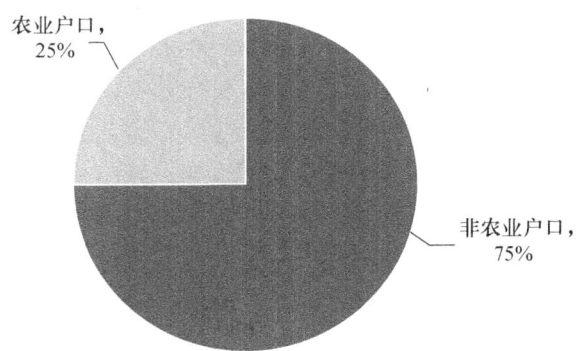

图 3-3 被征地后失地农民的户口性质

济保障还为城郊农民提供了生存和心理的安全性保障。获得集体经济保障的前提是城郊农民拥有村集体成员身份,而能够证明其身份的依据就是保有农业户口。如果失去农业户口,即使能够证明其村籍身份,该农民也会因为没有农业户口而令其享受的村集体福利水平下降。在失去土地保障之后,集体经济保障成为替代土地保障使城郊农民获得生活安全感的最后依靠。

从各区的情况来看，被征地后，延庆区失地农民全部转为非农业户口，而石景山区失地农民仍有59%未转为非农业户口，如图3-4所示。

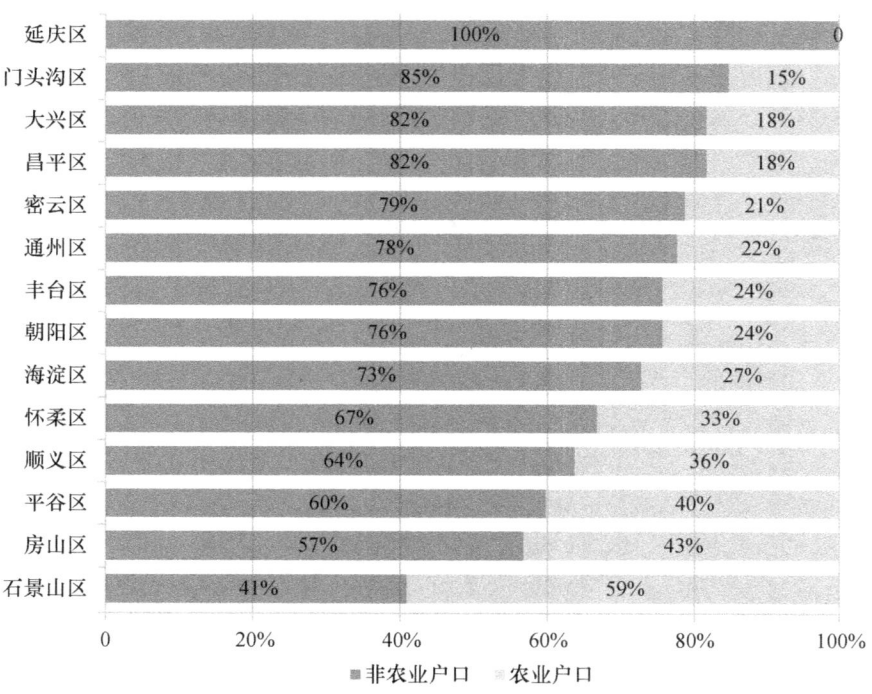

图3-4 各区失地农民被征地后的户口性质

四、受教育程度

调查样本中，失地农民的受教育程度不高，以高中（职高、技校、中专）和大专学历为主，如图3-5所示。

第三章 北京市失地农民就业及就业稳定性现状

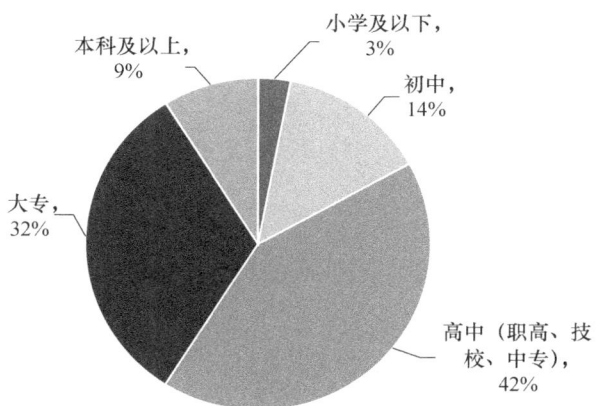

图 3-5 失地农民的受教育程度

五、工作年限

调查样本中，75%的失地农民工作年限在 5 年以上，18%的失地农民工作年限在 3~5 年，如图 3-6 所示。

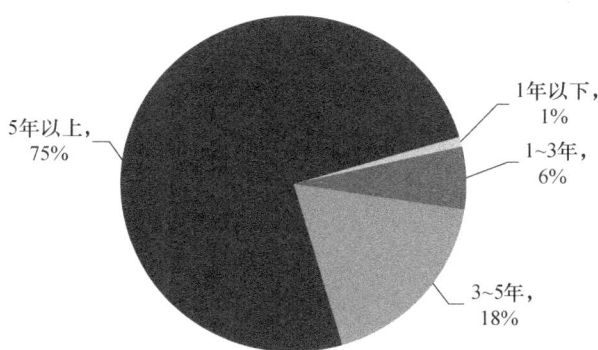

图 3-6 失地农民的工作年限

六、职业资格证书等级

调查样本中,从职业资格证书等级来看,近七成的失地农民取得了职业资格证书,以初级工和中级工为主,获技师等级的仅占1%(见图3-7),这说明失地农民的职业技能等级还有待提高。

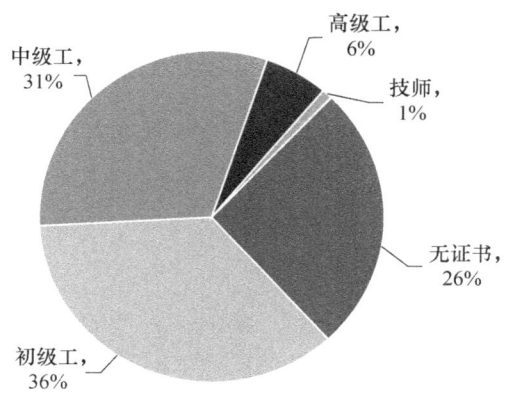

图3-7 失地农民获职业资格证书等级情况

七、被征地前家庭收入的主要来源

调查样本中,非务农职业(如打工)、村集体经济分红是被征地前农民家庭的主要收入来源,通过承包地转包、务农及宅基地建房出租获得收入的比例也不低,如图3-8所示。

从各区的情况来看,被征地前海淀区农民家庭的收入来源以非务农职业(如打工)为主的比例相对较高,朝阳区农民家庭则更多地通过承包地转包获得收入,昌平区以经营个体工商业为家庭收入

第三章 北京市失地农民就业及就业稳定性现状

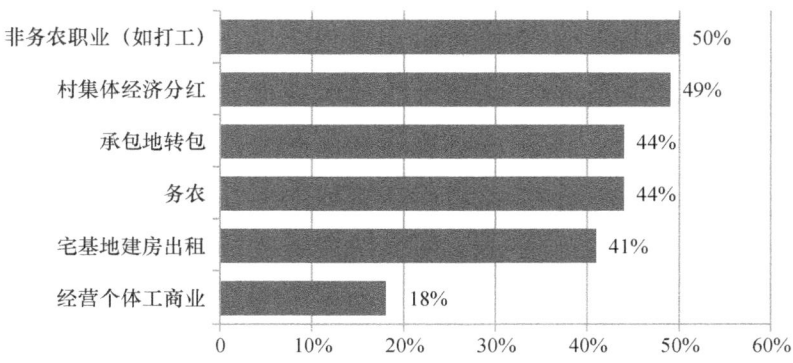

图 3-8 被征地前农民家庭收入的主要来源

主要来源的比例相对高于其他区（详见表 3-1）。

八、被征地时是否有工作

调查样本中，绝大部分失地农民被征地时有工作，仅有 7% 处于失业状态，如图 3-9 所示。

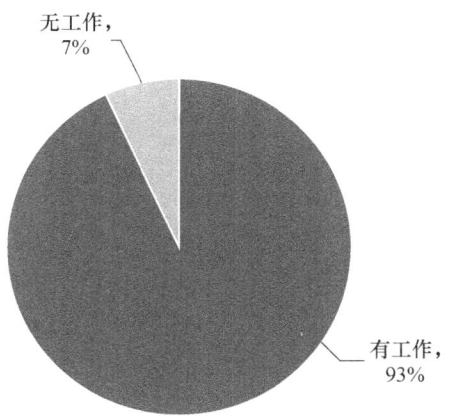

图 3-9 被征地时农民的工作状态

表 3-1 被征地前各区农民家庭收入的主要来源

	朝阳区	丰台区	石景山区	海淀区	门头沟区	房山区	通州区	顺义区	昌平区	大兴区	怀柔区	平谷区	密云区	延庆区
非务农职业（如打工）	38%	47%	65%	73%	77%	36%	47%	64%	45%	61%	49%	27%	49%	43%
村集体经济分红	17%	35%	47%	55%	77%	50%	39%	82%	46%	61%	59%	67%	46%	86%
务农	38%	29%	41%	36%	46%	50%	36%	64%	44%	55%	51%	47%	39%	71%
承包地转包	69%	47%	41%	64%	77%	57%	43%	45%	28%	39%	46%	60%	34%	—
宅基地建房出租	48%	53%	29%	45%	23%	29%	31%	64%	42%	37%	41%	47%	51%	57%
经营个体工商业	10%	18%	18%	—	—	—	24%	9%	28%	15%	13%	13%	25%	—

九、被征地后家庭收入的主要来源

调查样本中，补偿房屋出租、征地补偿金成为被征地后失地农民主要的家庭收入来源，政府安置就业、非务农职业（自谋职业）也是近一半失地农民家庭的主要收入来源，如图3-10所示。

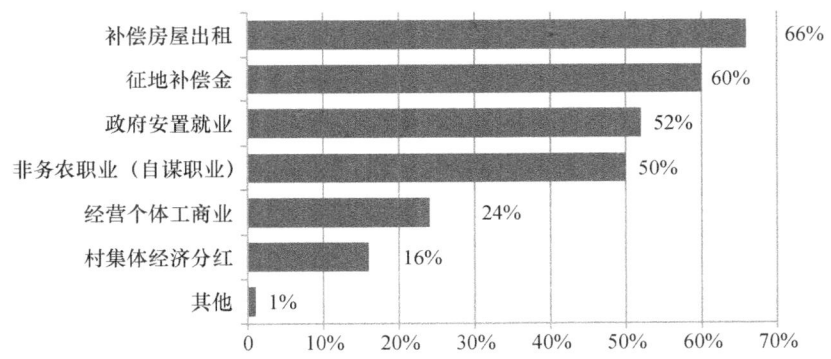

图3-10 被征地后失地农民家庭收入的主要来源

从各区的情况来看，密云区失地农民以补偿房屋出租作为家庭主要收入来源的比例更高，而大兴区、昌平区失地农民以村集体经济分红作为家庭主要收入来源的比例相对高于其他区（详见表3-2）。

表 3-2 被征地后各区失地农民家庭收入的主要来源

	朝阳区	丰台区	石景山区	海淀区	门头沟区	房山区	通州区	顺义区	昌平区	大兴区	怀柔区	平谷区	密云区	延庆区
补偿房屋出租	69%	76%	71%	73%	69%	57%	60%	64%	62%	64%	59%	67%	85%	57%
征地补偿金	28%	47%	65%	73%	77%	64%	58%	100%	46%	73%	67%	80%	55%	86%
政府安置就业	59%	35%	41%	36%	77%	64%	50%	64%	48%	52%	56%	87%	39%	100%
非务农职业（自谋职业）	45%	41%	59%	73%	38%	29%	52%	45%	54%	49%	57%	33%	46%	29%
经营个体工商业	21%	29%	29%	—	15%	29%	31%	27%	32%	18%	18%	20%	16%	29%
村集体经济分红	3%	18%	12%	9%	8%	7%	14%	9%	21%	24%	20%	13%	15%	14%
其他	3%	—	—	—	—	—	—	—	1%	—	3%	—	—	—

第三章 北京市失地农民就业及就业稳定性现状

第二节 失地农民目前就业情况

一、目前从事的职业及所属行业

调查样本中,失地农民目前从事的职业以企业工作人员、私营业主/个体老板和自由职业者为主,如图3-11所示。

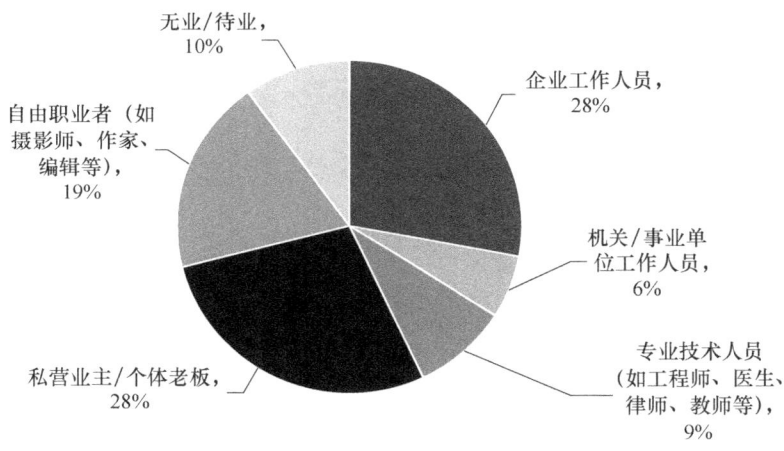

图3-11 失地农民目前从事的职业

调查样本中,失地农民目前从事的职业所属行业比较分散,批发和零售业,住宿和餐饮业,交通运输、仓储和邮政业,租赁和商务服务业,房地产业均有一定比例人员从业,排在前三位的依次是批发和零售业,住宿和餐饮业,交通运输、仓储和邮政业,如图3-12所示。

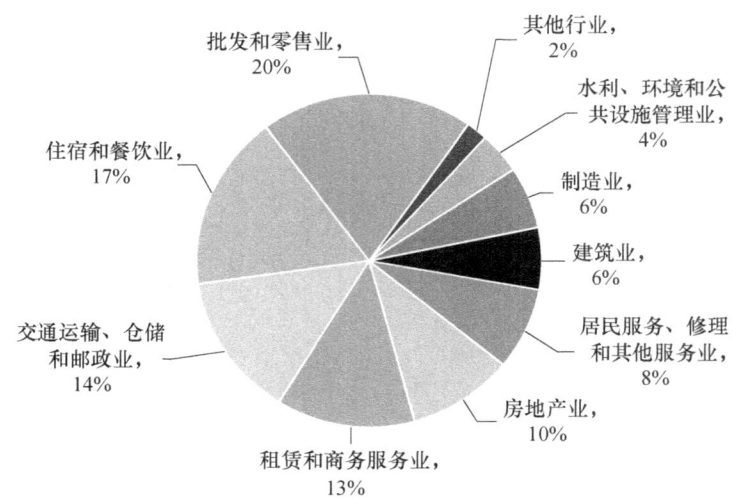

图 3-12 失地农民目前从事的职业所属行业

二、目前就业的单位类型

调查样本中，失地农民目前有 36% 在民营企业就业，排第一位。就业单位类型排在第二、三、四、五位的依次是股份有限公司（占 18%）、个体工商户（占 15%）、城乡集体企业（占 11%）、外资企业或中外合资企业（占 8%），如图 3-13 所示。

三、就业的岗位类型与工资收入

调查样本中，失地农民目前的就业岗位以普通员工（包括办事人员、服务业人员、非技术工人/普通工人等）为主（占 57%），也有一定比例人员从事技术性工作（即专业技术人员，占 17%），担

第三章　北京市失地农民就业及就业稳定性现状

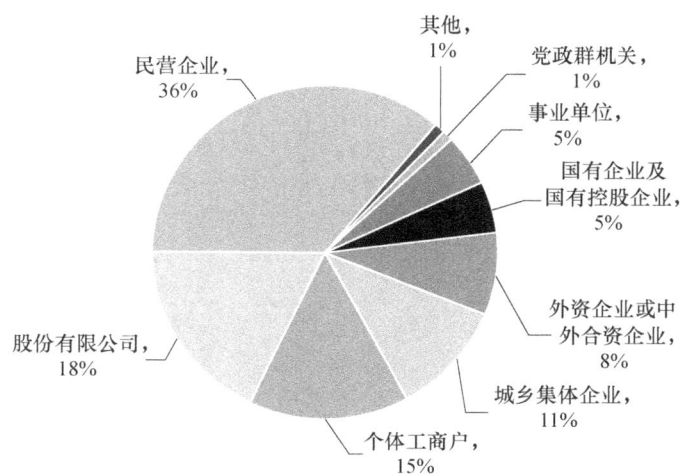

图 3-13　失地农民目前就业的单位类型

任管理职务的比例不高（包括中层管理者、高级管理者，占 4%），如图 3-14 所示。

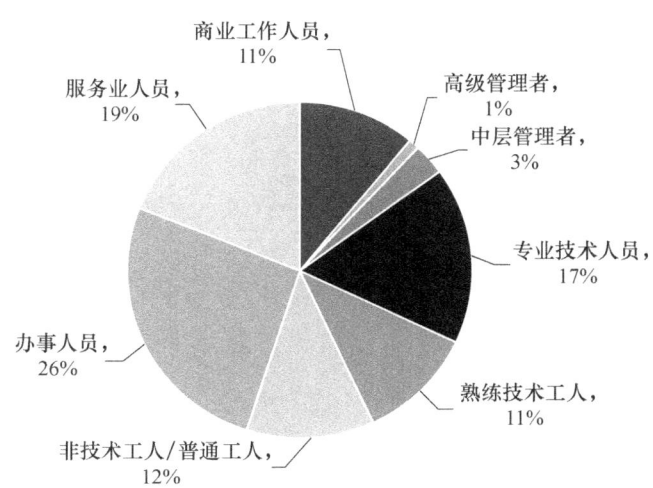

图 3-14　失地农民目前就业的岗位类型

调查样本中，失地农民目前的税后月平均工资为 2 200~3 000 元的占 2%，3 001~5 000 元的占 16%，5 001~8 000 元的占 36%，8 001~10 000 元的占 24%，10 000 元以上的占 22%，如图 3-15 所示。可见大部分失地农民的税后月平均工资为 5 001~10 000 元。其平均税后工资为 7 375.4 元/月。

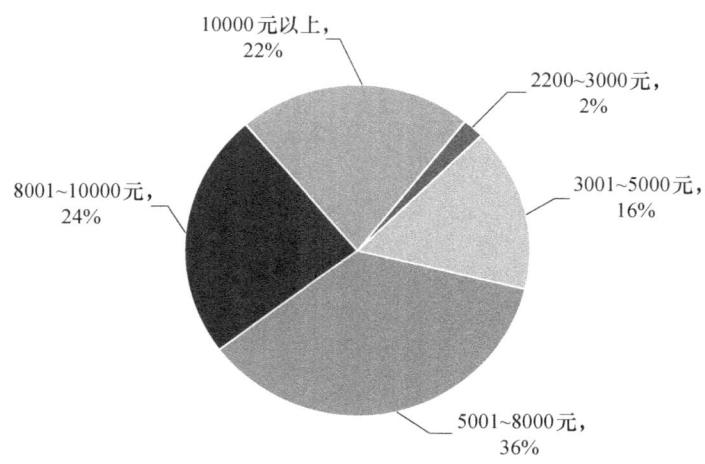

图 3-15 失地农民目前的税后月平均工资

第三节 失地农民工作获取途径及就业创业培训情况

一、被征地后获取第一份工作的途径

调查样本中，参加招聘会和家人、亲戚、朋友介绍是被征地后失地农民获取第一份工作的最主要途径，排在后面的途径依次是互

联网及其他社会中介、自主创业等，如图3-16所示。

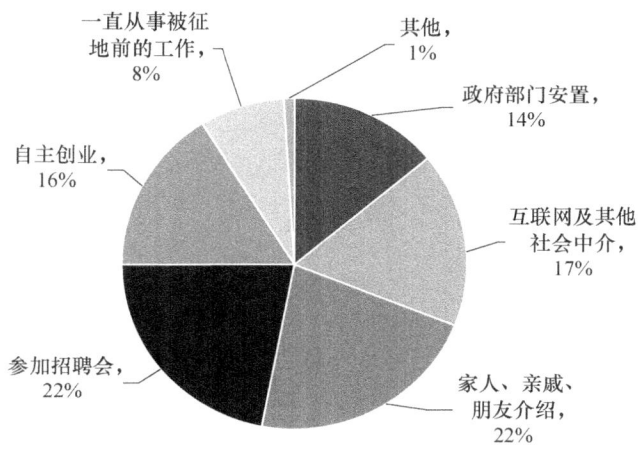

图3-16 被征地后失地农民获取第一份工作的途径

从各区的情况来看，朝阳区失地农民通过家人、亲戚、朋友介绍获取被征地后的第一份工作的比例相对更高，密云区失地农民则主要通过互联网及其他社会中介找工作，昌平区失地农民一直从事被征地前工作的比例相对高于其他区（详见表3-3）。

二、选择工作的影响因素

调查样本中，有关失地农民选择工作的影响因素，就其重要程度来讲差别并不大，"能获得成就感、自我实现"因素稍稍领先，如图3-17所示。

表 3-3 被征地后各区失地农民获取第一份工作的途径

	朝阳区	丰台区	石景山区	海淀区	门头沟区	房山区	通州区	顺义区	昌平区	大兴区	怀柔区	平谷区	密云区	延庆区
家人、亲戚、朋友介绍	48%	24%	24%	9%	31%	21%	21%	18%	11%	25%	13%	33%	25%	43%
参加招聘会	28%	24%	41%	45%	23%	29%	27%	18%	17%	19%	21%	13%	13%	14%
互联网及其他社会中介	14%	18%	6%	18%	—	21%	13%	18%	21%	10%	13%	13%	36%	—
自主创业	7%	18%	12%	18%	23%	14%	20%	18%	20%	18%	18%	13%	6%	14%
政府部门安置	3%	18%	12%	—	15%	14%	8%	18%	14%	16%	21%	27%	18%	14%
一直从事被征地前的工作	—	—	6%	9%	8%	—	11%	9%	15%	10%	10%	—	1%	14%
其他	—	—	—	—	—	—	—	—	1%	—	3%	—	—	—

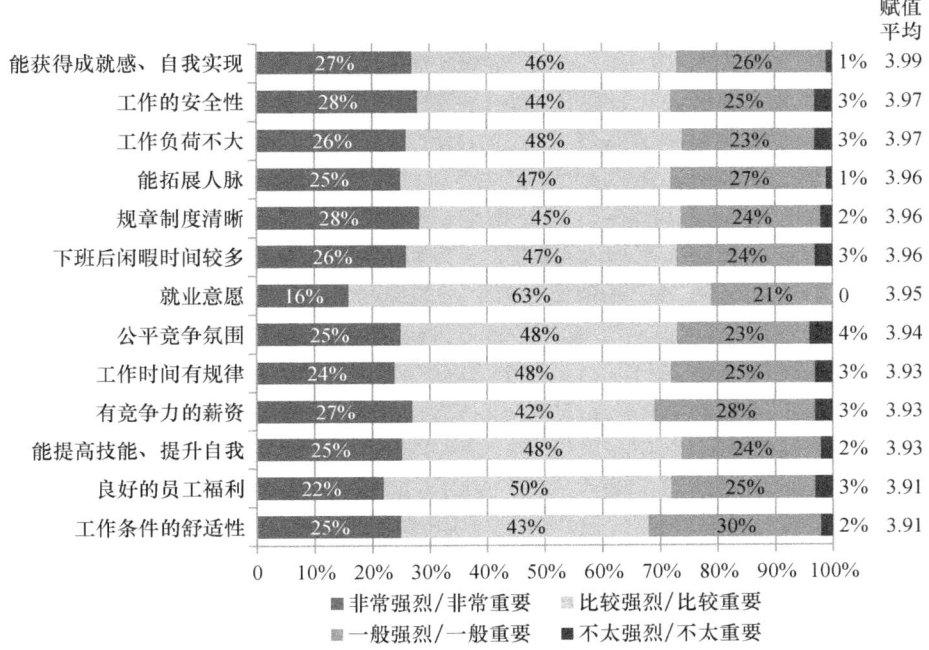

图 3-17 失地农民选择工作的影响因素

三、对被征地后政府提供的就业优惠政策的了解程度

调查样本中,失地农民对被征地后政府提供的就业优惠政策的了解程度不高,约一半受访者表示了解政策,41%的人表示了解程度一般,8%的人表示不太了解,如图 3-18 所示。

四、制约就业的主要问题

进一步了解那些处于无业/待业状态的失地农民调查样本发现,在制约失地农民就业的主要问题中,选择"用人单位不给上社保"

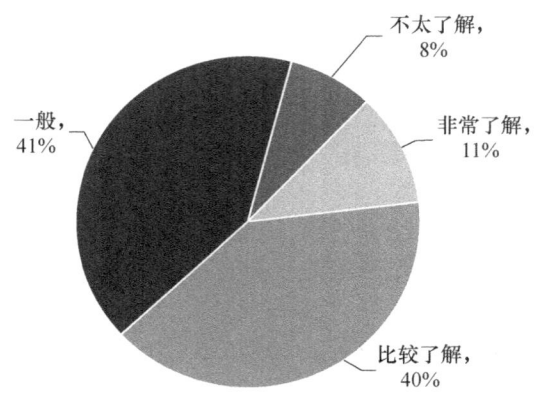

图3-18 失地农民对被征地后政府提供的就业优惠政策的了解程度

的占比最高,其次是"工作不够体面"和"薪资水平太低",如图3-19所示。

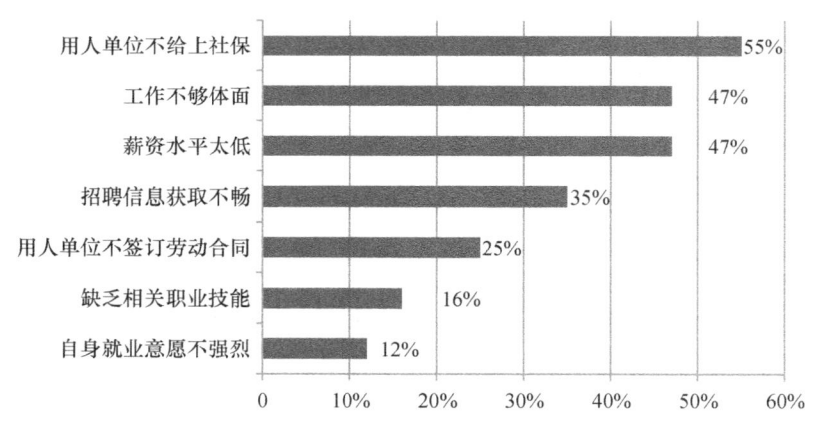

图3-19 制约失地农民就业的主要问题

五、被征地后接受就业创业培训的次数

调查样本中,94%的受访者接受过就业培训,其中接受过1次

的占 23%，2 次的占 37%，3 次的占 26%，3 次以上的占 8%；仅 6% 的受访者未参加过就业培训，如图 3-20 所示。

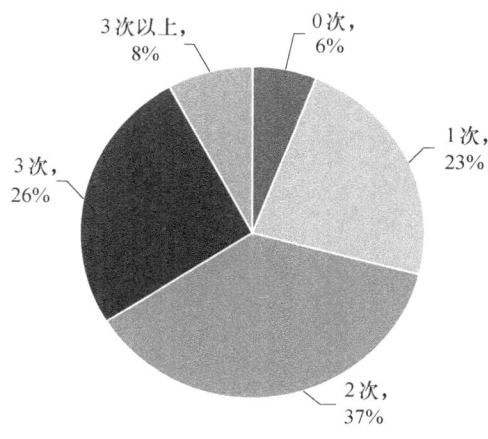

图 3-20　被征地后失地农民接受就业培训的次数

调查样本中，相比就业培训而言，失地农民参加政府提供的创业培训的积极性略低，其参加次数要少于就业培训。86% 的受访者接受过创业培训，其中接受过 1 次的占 18%，2 次的占 39%，3 次的占 22%，3 次以上的占 7%；14% 的受访者未参加过创业培训。具体如图 3-21 所示。

六、对就业创业培训效果的评价

失地农民对政府提供的就业创业培训评价比较正面，61% 的受访者认为对自己非常有帮助和比较有帮助，29% 的受访者认为一般，如图 3-22 所示。

从各区的情况来看，房山区、昌平区和通州区的失地农民对政

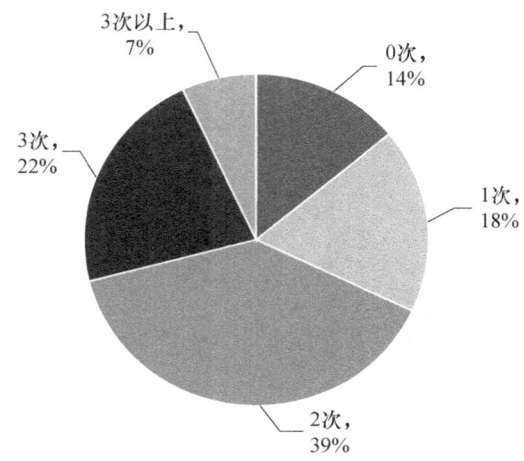

图3-21　被征地后失地农民接受创业培训的次数

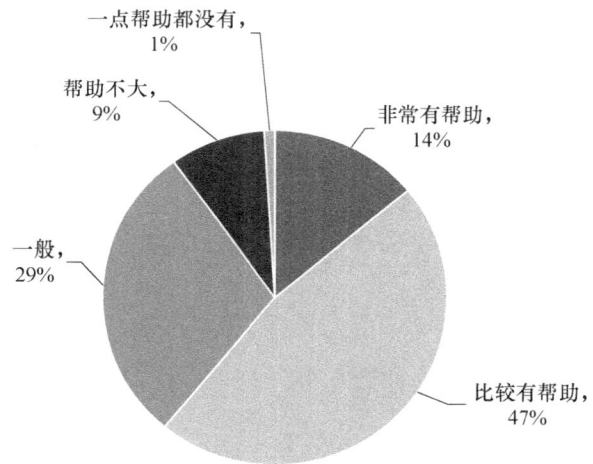

图3-22　失地农民对就业创业培训效果的评价

府部门提供的就业创业培训的认同度相对更高,而延庆区、丰台区的失地农民对政府部门提供的就业创业培训的认同度则相对较低(详见表3-4)。

第三章 北京市失地农民就业及就业稳定性现状

表 3-4 各区失地农民对政府部门提供的就业创业培训的评价

	朝阳区	丰台区	石景山区	海淀区	门头沟区	房山区	通州区	顺义区	昌平区	大兴区	怀柔区	平谷区	密云区	延庆区
非常有帮助	3%	12%	6%	18%	8%	21%	21%	18%	13%	9%	20%	7%	10%	—
比较有帮助	62%	24%	47%	45%	46%	57%	46%	45%	66%	37%	44%	40%	48%	14%
一般	34%	35%	29%	27%	38%	14%	27%	9%	14%	43%	18%	47%	34%	57%
帮助不大	—	29%	18%	9%	8%	7%	6%	18%	7%	9%	18%	—	7%	14%
一点帮助都没有	—	—	—	—	—	—	—	9%	—	1%	—	7%	—	14%
赋值平均	3.65	3.19	3.41	3.69	3.54	3.89	3.82	3.42	3.85	3.41	3.66	3.43	3.58	2.69

第四节 失地农民就业稳定性现状

一、被征地后更换工作的次数

调查样本中,被征地后失地农民更换工作比较频繁,11%的受访者换过7~9次工作,41%的受访者换过4~6次工作,没换过工作的受访者只占12%,如图3-23所示。

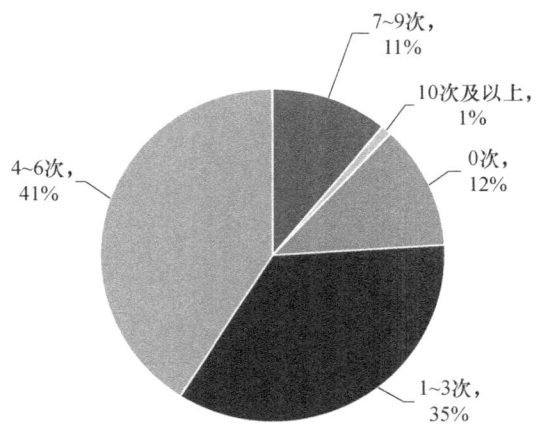

图3-23 被征地后失地农民更换工作的次数

从各区的情况来看,昌平区的失地农民工作相对稳定,30%的受访者尚未更换过工作,平谷区、延庆区的受访者则频繁更换工作(详见表3-5)。

第三章 北京市失地农民就业及就业稳定性现状

表3-5 被征地后各区失地农民更换工作的次数

	朝阳区	丰台区	石景山区	海淀区	门头沟区	房山区	通州区	顺义区	昌平区	大兴区	怀柔区	平谷区	密云区	延庆区
0次	3%	6%	18%	—	8%	21%	13%	—	30%	19%	3%	—	1%	—
1~3次	34%	18%	29%	45%	23%	43%	44%	36%	32%	31%	48%	13%	30%	14%
4~6次	59%	71%	35%	45%	31%	21%	31%	36%	30%	36%	36%	53%	61%	71%
7~9次	3%	6%	18%	9%	38%	14%	9%	27%	7%	13%	11%	33%	7%	—
10次及以上	—	—	—	—	—	—	3%	—	1%	—	2%	—	—	14%

二、被征地后平均每份工作的持续时间

调查样本中,被征地后失地农民平均每份工作的持续时间较短,近八成未能超过 24 个月,其中,3~6 个月的占 4%,6~12 个月的占 28%,12~24 个月的占 46%;而持续时间为两年(24 个月)以上的仅占 21%,如图 3-24 所示。

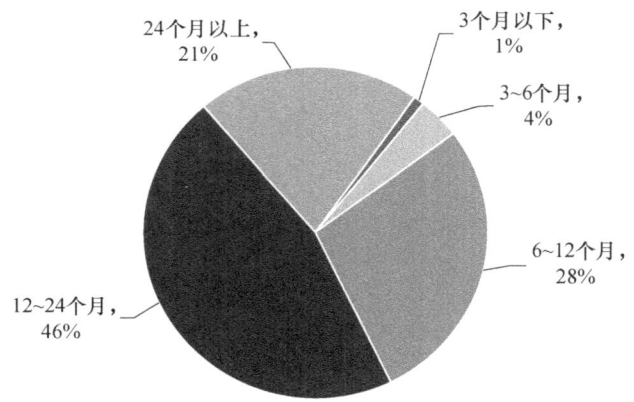

图 3-24 被征地后失地农民平均每份工作的持续时间

从各区的情况来看,石景山区的失地农民平均每份工作持续 24 个月以上的比例明显高于其他区(详见表 3-6)。

三、被征地后最长一份工作的持续时间

调查样本中,被征地后 53% 的失地农民最长的一份工作持续了 12~24 个月,38% 的失地农民最长的一份工作持续时间超过了 24 个月,如图 3-25 所示。

第三章 北京市失地农民就业及就业稳定性现状

表3-6 被征地后各区失地农民平均每份工作持续时间

	朝阳区	丰台区	石景山区	海淀区	门头沟区	房山区	通州区	顺义区	昌平区	大兴区	怀柔区	平谷区	密云区	延庆区
3个月以下	—	—	—	—	—	—	1%	—	—	6%	—	—	—	—
3~6个月	14%	6%	—	—	—	—	12%	—	1%	1%	2%	—	1%	—
6~12个月	55%	59%	6%	36%	23%	29%	25%	27%	21%	30%	26%	20%	28%	43%
12~24个月	24%	18%	41%	55%	54%	57%	47%	45%	39%	43%	56%	73%	54%	14%
24个月以上	7%	18%	53%	9%	23%	14%	15%	27%	38%	19%	16%	7%	16%	43%

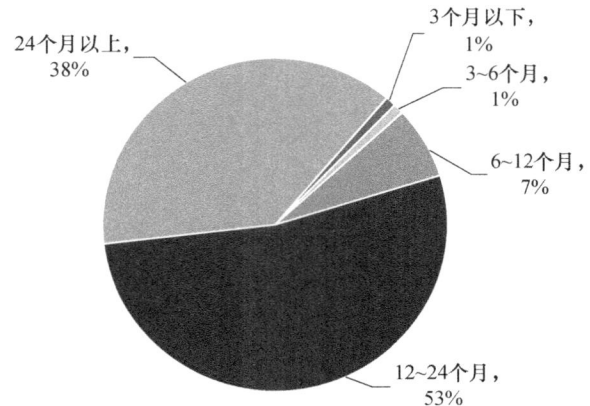

图 3-25 被征地后失地农民最长一份工作的持续时间

从各区的情况来看，石景山区、昌平区和密云区超过半数的失地农民最长的一份工作持续了 24 个月以上，比例远高于其他区（详见表 3-7）。

四、未来的打算

关于未来的打算，53%的失地农民表示会继续从事目前的工作，28%的失地农民希望换工作，也有18%的失地农民考虑创业，如图 3-26 所示。这在一定程度上说明失地农民目前从事的工作就业稳定性并不太高，因为有将近一半的失地农民并未考虑继续从事目前的工作。

表3-7 被征地后各区失地农民最长一份工作的持续时间

	朝阳区	丰台区	石景山区	海淀区	门头沟区	房山区	通州区	顺义区	昌平区	大兴区	怀柔区	平谷区	密云区	延庆区
3个月以下	—	—	—	—	—	—	1%	—	—	6%	—	—	—	—
3~6个月	—	—	6%	—	—	—	4%	—	—	—	—	—	—	—
6~12个月	17%	18%	—	—	—	7%	9%	—	6%	6%	5%	—	4%	—
12~24个月	59%	59%	35%	64%	77%	71%	54%	55%	41%	52%	64%	67%	43%	57%
24个月以上	24%	24%	59%	36%	23%	21%	32%	45%	54%	36%	31%	33%	52%	43%

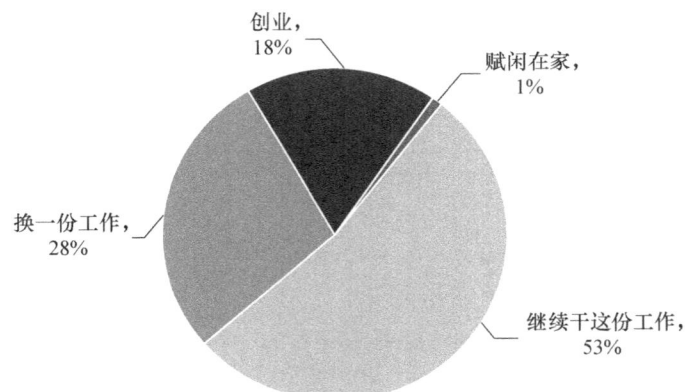

图 3-26 失地农民未来的打算

从各区的情况来看，昌平区和密云区的失地农民未来继续从事目前工作的愿望比较强烈，平谷区希望创业的失地农民占比相对更高。值得注意的是，延庆区有 14% 的失地农民未来的打算是赋闲在家（详见表 3-8）。

五、对被征地后就业稳定性的总体评价

调查样本中，被征地后失地农民对自己就业稳定性的总体评价不高，超过一半（53%）的失地农民认为自己的就业稳定性一般或不稳定，34% 的失地农民认为自己就业比较稳定，只有 13% 的失地农民认为自己就业非常稳定，如图 3-27 所示。

从各区的情况来看，昌平区失地农民对自己就业稳定性的总体评价相对较高，而延庆区失地农民的总体评价则偏低（详见表 3-9）。

第三章 北京市失地农民就业及就业稳定性现状

表 3-8 各区失地农民未来的打算

	朝阳区	丰台区	石景山区	海淀区	门头沟区	房山区	通州区	顺义区	昌平区	大兴区	怀柔区	平谷区	密云区	延庆区
继续干这份工作	28%	18%	65%	55%	38%	64%	57%	36%	70%	45%	46%	20%	69%	43%
换一份工作	62%	41%	24%	27%	38%	21%	24%	36%	23%	25%	33%	27%	19%	29%
创业	10%	41%	12%	18%	23%	7%	19%	27%	7%	25%	20%	53%	12%	14%
赋闲在家	—	—	—	—	—	7%	—	—	—	4%	2%	—	—	14%

表 3-9 各区失地农民对被征地后自己就业稳定性的总体评价

	朝阳区	丰台区	石景山区	海淀区	门头沟区	房山区	通州区	顺义区	昌平区	大兴区	怀柔区	平谷区	密云区	延庆区
非常稳定	—	6%	6%	27%	8%	21%	18%	18%	20%	13%	16%	7%	6%	—
比较稳定	45%	35%	41%	—	31%	29%	30%	9%	45%	28%	30%	53%	42%	29%
一般	55%	41%	41%	73%	54%	36%	46%	55%	32%	49%	46%	33%	49%	29%
不稳定	—	18%	12%	—	8%	14%	6%	18%	3%	9%	8%	7%	3%	43%
赋值平均	3.4	3.3	3.4	3.5	3.4	3.6	3.6	3.3	3.8	3.5	3.5	3.6	3.5	2.9

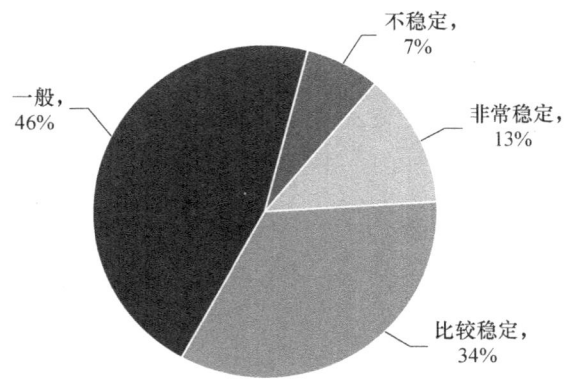

图 3-27 失地农民对被征地后自己就业稳定性的总体评价

第五节 失地农民征地补偿安置及参加社会保险情况

一、各种征地安置方式的受欢迎程度

目前,政府在征地后向失地农民提供的补偿安置方式主要包括货币安置(征地补偿金)、住房安置、门面房安置、就业安置、农业安置、留地安置、社保安置、入股分红安置等。调查样本中,最受失地农民欢迎的征地安置方式依次为住房安置、门面房安置和货币安置,分别有 84.2%、82.2% 和 79.4% 的失地农民认为这三种方式是受欢迎的。最不受欢迎的征地安置方式是农业安置,98.8% 的失地农民不欢迎农业安置方式;其次是留地安置,超过 90% 的失地农民不欢迎这种征地安置方式;就业安置和社保安置的方式也比较

第三章 北京市失地农民就业及就业稳定性现状

不受欢迎，选择"不太受欢迎"和"极不受欢迎"的失地农民占到了全部样本的70%以上。具体如图3-28所示。

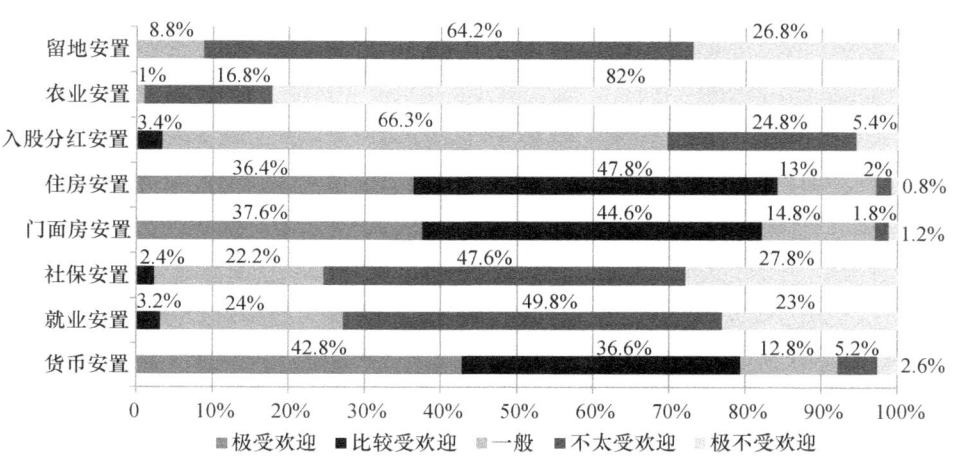

图3-28 各种征地安置方式的受欢迎程度

从各区的情况来看，在各区每种安置方式的受欢迎程度是不同的（详见表3-10）。朝阳区失地农民比较喜欢货币安置、就业安置、住房安置等安置方式，丰台区失地农民比较喜欢货币安置、社保安置、入股分红安置等安置方式，石景山区失地农民比较喜欢入股分红安置、农业安置、住房安置等安置方式，海淀区失地农民比较喜欢入股分红安置、就业安置、住房安置等安置方式，门头沟区失地农民比较喜欢住房安置、留地安置、门面房安置等安置方式，房山区失地农民比较喜欢留地安置、入股分红安置、农业安置等安置方式，通州区失地农民比较喜欢住房安置、入股分红安置、门面房安置、留地安置等安置方式，顺义区失地农民比较喜欢就业安

表 3-10　各区失地农民对各种征地安置方式的偏好程度

	朝阳区	丰台区	石景山区	海淀区	门头沟区	房山区	通州区	顺义区	昌平区	大兴区	怀柔区	平谷区	密云区	延庆区
货币安置	4.27	4.23	3.77	3.87	3.93	3.96	3.89	3.91	4.09	4.04	4.31	3.94	3.77	3.57
就业安置	4.24	4.05	3.64	4.23	3.43	3.80	3.96	4.05	4.14	4.14	3.91	3.97	3.71	4.29
社保安置	4.20	4.23	3.62	3.82	3.73	3.89	3.93	3.78	3.92	3.91	4.03	3.66	3.80	3.71
门面房安置	4.17	4.04	3.59	3.87	3.96	3.97	3.98	3.60	4.09	3.97	4.13	3.73	3.93	3.43
住房安置	4.24	4.11	3.80	4.14	4.08	3.68	4.01	3.24	4.17	3.98	3.97	3.74	3.72	3.58
入股分红安置	3.93	4.17	4.17	4.45	3.81	4.07	3.98	3.96	4.11	4.05	4.10	4.04	3.75	3.15
农业安置	4.11	3.90	3.92	4.09	3.66	4.07	3.84	3.78	4.06	3.92	4.16	3.96	3.83	4.29
留地安置	4.14	4.04	3.47	3.42	4.08	4.43	3.98	3.91	3.95	4.00	4.20	3.99	3.73	3.96

第三章 北京市失地农民就业及就业稳定性现状

置、入股分红安置等安置方式，昌平区失地农民比较喜欢住房安置、就业安置、入股分红安置等安置方式，大兴区失地农民比较喜欢就业安置、入股分红安置、货币安置等安置方式，怀柔区失地农民比较喜欢货币安置、留地安置、农业安置等安置方式，平谷区失地农民比较喜欢入股分红安置、留地安置、就业安置等安置方式，密云区失地农民比较喜欢门面房安置、农业安置、社保安置等安置方式，延庆区失地农民比较喜欢就业安置、农业安置、留地安置等安置方式。

总结起来，门头沟、平谷、怀柔、密云、延庆、房山等生态涵养发展区的失地农民"靠山吃山、靠水吃水"，他们更喜欢农业安置、留地安置等安置方式。朝阳、海淀、丰台、石景山等城市功能拓展区，是实现和拓展首都的城市功能，特别是拓展面向全国和世界的外向型经济服务功能的重要区域，是推进生产者创新的重要基地。这4个区就业机会多、房价高，失地农民更喜欢入股分红安置、住房安置、就业安置等安置方式。通州、大兴、顺义、昌平等城市发展新区是北京市发展制造业和都市型现代农业的主要载体，同时承担着缓解城市中心区人口和产业密集的重要任务。这4个区的失地农民更喜欢住房安置、入股分红安置、门面房安置等安置方式。

了解失地农民对征地安置方式的偏好程度，对于今后政府调整征地安置政策具有重要意义。

二、参加社会保险情况

目前,失地农民参加社会保险的比例很高,52%参加了城镇职工(企业职工)的社会保险,35%参加了城乡居民的社会保险,11%参加了灵活就业人员(个人委托存档人员)的社会保险,无保险人员占比仅为2%,如图3-29所示。

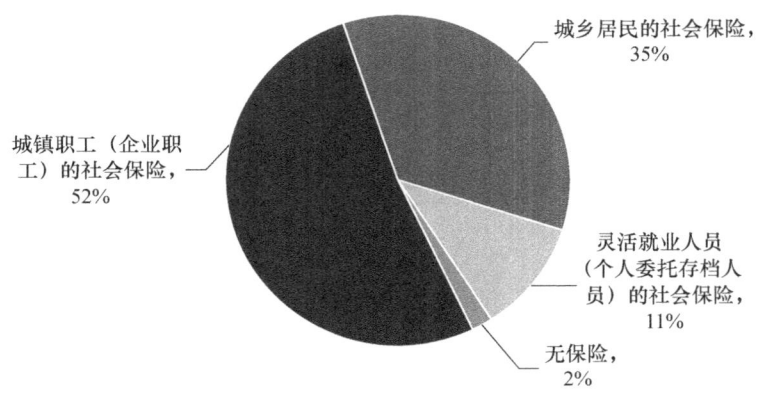

图3-29 失地农民参加社会保险情况

从各区的情况来看,朝阳区失地农民参加城乡居民的社会保险占比远远高于其他区;昌平区与其他区相比,失地农民参加灵活就业人员(个人委托存档人员)的社会保险占比更高(详见表3-11)。

第三章 北京市失地农民就业及就业稳定性现状

表3-11 各区失地农民参加社会保险情况

	朝阳区	丰台区	石景山区	海淀区	门头沟区	房山区	通州区	顺义区	昌平区	大兴区	怀柔区	平谷区	密云区	延庆区
城镇职工（企业职工）的社会保险	21%	35%	59%	73%	92%	71%	66%	64%	42%	57%	44%	53%	40%	100%
城乡居民的社会保险	72%	41%	29%	27%	8%	29%	22%	18%	30%	36%	38%	40%	52%	—
灵活就业人员（个人委托存档人员）的社会保险	7%	12%	6%	—	—	—	11%	9%	28%	7%	15%	—	6%	—
无保险	—	12%	6%	—	—	—	1%	9%	—	—	3%	7%	1%	—

三、对征地补偿安置的满意度

调查样本中,失地农民对政府提供的征地补偿安置表示满意的占57%,认为一般的占34%,9%的失地农民对征地补偿安置表示不满意,如图3-30所示。

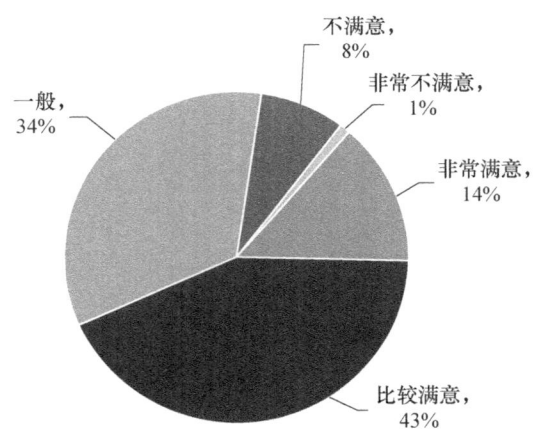

图3-30 失地农民对征地补偿安置的满意度

从各区的情况来看,昌平区、朝阳区、密云区和延庆区的失地农民对征地补偿安置的满意度较高,顺义区失地农民对征地补偿安置的满意度则相对较低(详见表3-12)。

第三章 北京市失地农民就业及就业稳定性现状

表 3-12 各区失地农民对征地补偿安置的满意度

	朝阳区	丰台区	石景山区	海淀区	门头沟区	房山区	通州区	顺义区	昌平区	大兴区	怀柔区	平谷区	密云区	延庆区
非常满意	7%	6%	6%	18%	—	21%	22%	—	15%	10%	18%	7%	7%	29%
比较满意	62%	41%	35%	18%	54%	36%	31%	27%	59%	45%	41%	27%	54%	29%
一般	31%	41%	35%	55%	46%	21%	41%	45%	17%	42%	31%	47%	31%	29%
不满意	—	12%	24%	9%	—	21%	5%	27%	8%	3%	8%	20%	6%	14%
非常不满意	—	—	—	—	—	—	1%	—	—	—	2%	—	1%	—
赋值平均	3.76	3.41	3.23	3.45	3.54	3.54	3.68	2.97	3.78	3.62	3.65	3.24	3.57	3.76

本 章 小 结

本章基于课题组对北京市失地农民进行实地调研收回的500份问卷调查数据，对失地农民的个人基本情况、目前就业情况、工作获取途径及就业创业培训情况、就业稳定性现状、征地补偿安置及参加社会保险情况进行了实证分析。

从个人基本情况来看，失地农民近九成处于已婚状态；超过一半的失地农民政治面貌为群众，共产党员占比不足10%；被征地后75%的失地农民已转为非农业户口，仍有25%的受访者保留了农业户口；失地农民的受教育程度不高，以高中（职高、技校、中专）和大专学历为主；近七成的失地农民取得了职业资格证书，以初级工和中级工为主，获技师等级的仅占1%。非务农职业（如打工）、村集体经济分红是被征地前农民家庭的主要收入来源；从各区的情况来看，被征地前海淀区农民家庭的收入来源以非务农职业（如打工）为主的比例相对较高，朝阳区农民家庭则更多地通过承包地转包获得收入，昌平区以经营个体工商业为家庭收入主要来源的比例相对高于其他区。补偿房屋出租、征地补偿金成为被征地后失地农民最主要的家庭收入来源，政府安置就业、非务农职业（自谋职业）也是近一半失地农民家庭的主要收入来源；从各区的情况来看，密云区失地农民以补偿房屋出租作为家庭主要收入来源的比例更高，而大兴区、昌平区失地农民以村集体经济分红作为家庭主要收入来源的比例相对高于其他区。

从目前就业情况来看,失地农民目前从事的职业以企业工作人员、私营业主/个体老板和自由职业者为主。失地农民目前从事的职业所属行业比较分散,批发和零售业,住宿和餐饮业,交通运输、仓储和邮政业,租赁和商务服务业,房地产业均有一定比例人员从业,排在前三位的依次是批发和零售业,住宿和餐饮业,交通运输、仓储和邮政业。失地农民目前的就业岗位以普通员工(包括办事人员、服务业人员、非技术工人/普通工人等)为主。大部分失地农民目前的税后月平均工资为 5 001~10 000 元。

从工作获取途径及就业创业培训情况来看,参加招聘会和家人、亲戚、朋友介绍是被征地后失地农民获取第一份工作的最主要途径,排在后面的途径依次是互联网及其他社会中介、自主创业。从各区的情况来看,朝阳区失地农民通过家人、亲戚、朋友介绍获取被征地后的第一份工作的比例相对更高,密云区失地农民则主要通过互联网及其他社会中介找工作,昌平区失地农民一直从事被征地前工作的比例相对高于其他区。失地农民对被征地后政府提供的就业优惠政策的了解程度不高,仅有约一半的受访者表示了解政策。对于处于无业/待业状态的失地农民而言,在制约其就业的主要问题中,选择"用人单位不给上社保"的占比最高,其次是"工作不够体面"和"薪资水平太低"。94%的受访者接受过就业培训,86%的受访者接受过创业培训。失地农民对政府提供的就业创业培训评价比较正面,61%的失地农民认为就业创业培训对自己非常有帮助和比较有帮助。从各区的情况来看，房山区、昌平区和通州区的失地农民对政府部门提供的就业创业培训的认同度相对更高，而延庆区、丰台区的失地农民对政府部门提供的就业创业培训的认同度则相对较低。

从就业稳定性现状来看，被征地后失地农民更换工作比较频繁，11%的受访者换过7~9次工作，41%的受访者换过4~6次工作，没换过工作的受访者只占12%。从各区的情况来看，昌平区的失地农民工作相对稳定，30%的受访者尚未更换过工作，平谷区、延庆区的失地农民则频繁更换工作。被征地后失地农民平均每份工作的持续时间较短，近八成未能超过24个月；从各区的情况来看，石景山区的失地农民平均每份工作持续24个月以上的比例明显高于其他区。53%的失地农民最长的一份工作持续了12~24个月，石景山区、昌平区和密云区超过半数的失地农民最长的一份工作持续了24个月以上，比例远高于其他区。关于未来的打算，53%的失地农民表示会继续从事目前的工作，28%的失地农民希望换工作，也有18%的失地农民考虑创业。被征地后失地农民对自己就业稳定性的总体评价不高，超过一半的失地农民认为自己的就业稳定性一般或不稳定。昌平区失地农民对自己就业稳定性的总体评价相对较高，而延庆区失地农民的总体评价则偏低。

从征地补偿安置及参加社会保险情况来看，入股分红安置的受欢迎程度略高于其他安置方式，社保安置则是受欢迎程度最低的安置方式。门头沟、平谷、怀柔、密云、延庆、房山等生态涵养发展区的失地农民"靠山吃山、靠水吃水",他们更喜欢农业安置、留地安置等安置方式;朝阳、海淀、丰台、石景山等城市功能拓展区的失地农民更喜欢入股分红安置、住房安置、就业安置等安置方式;通州、大兴、顺义、昌平等城市发展新区的失地农民更喜欢住房安置、入股分红安置、门面房安置等安置方式。超过半数的失地农民对政府提供的征地补偿安置表示满意,昌平区、朝阳区、密云区和延庆区的失地农民对征地补偿安置的满意度较高,顺义区的失地农民对征地补偿安置的满意度则相对较低。失地农民参加社会保险的比例达到了98%〔其中,52%参加了城镇职工(企业职工)的社会保险,35%参加了城乡居民的社会保险,11%参加了灵活就业人员(个人委托存档人员)的社会保险〕。从各区的情况来看,朝阳区失地农民参加城乡居民的社会保险占比远远高于其他区,昌平区与其他区相比,失地农民参加灵活就业人员(个人委托存档人员)的社会保险占比更高。

第四章　北京市失地农民就业稳定性的影响因素

通过第二章对理论基础与相关文献的回顾，不难发现，个人特征（性别、年龄、受教育程度、技能、经济状况等）和岗位特征（所属行业、单位类型、薪资福利等）是影响就业稳定性的重要因素。考虑到失地农民的特殊性，可能征地安置方式也会影响其就业和就业的稳定性。本章将继续利用课题组获得的问卷调查数据对北京市失地农民就业稳定性的影响因素进行实证分析。

第一节　研究假设

根据第二章对相关理论基础和文献的回顾，本课题提出如下研究假设。

一、就业培训、创业培训等人力资本因素会对失地农民的就业稳定性产生影响

根据人力资本理论，劳动者对于正规教育、培训、迁移和健康

的投资最终会形成个人的人力资本。人力资本作为一种人格化的知识和技能，将使其拥有者在劳动力市场中获得更高的收益和回报。由于城乡二元结构的存在，农村的经济发展相对滞后，农村居民的人力资本投入相对较少，整体素质偏低，这使得失地农民在择业时无法找到令他们满意的工作，他们频繁地更换工作，进而导致其就业稳定性较差。鉴于此，本课题提出本章研究的第一个假设 H1：就业培训、创业培训等人力资本因素对失地农民的就业稳定性有重要影响。

二、性别、年龄等引起劳动力市场歧视的因素会对失地农民的就业稳定性产生影响

根据第二章介绍的劳动力市场歧视理论，用人单位在招聘时，可能会将劳动力市场上大多数失地农民普遍存在人力资本投入不足的群体推断作为群体特征。这就造成部分失地农民即便拥有较强的适应能力和工作能力，也不能匹配到适合的工作，他们遭受的劳动力市场统计性歧视，会降低其就业稳定性。因此，本课题提出第二个假设 H2：性别、年龄等引起劳动力市场歧视的因素会对失地农民的就业稳定性产生影响。

三、单位类型、所属行业等可能会引起结构性失业的因素会对失地农民的就业稳定性产生影响

根据第三章对失地农民就业现状的实证分析，参加招聘会和家

人、亲戚、朋友介绍是失地农民找工作的最主要途径。这类找工作的途径往往导致失地农民所掌握的劳动力市场信息不够充分，进而引发结构性失业的问题。此外，技术进步、特定行业的季节性特点以及经济运行的周期性等因素，使得失地农民与其他就业群体一样，也面临着技术性失业、季节性失业和周期性失业的风险。在上述几种失业类型中，失地农民尤其容易面临结构性失业问题。这主要是因为他们所具备的技能与附近现有的工作岗位往往不能很好地匹配，从而严重影响了他们的就业稳定性。基于此，本课题提出第三个假设H3：单位类型、所属行业等可能会引起结构性失业的因素会对失地农民的就业稳定性产生影响。

四、不同的征地补偿方式会对失地农民的就业稳定性产生影响

根据工作搜寻理论，求职者在劳动力市场中进行工作搜寻，以便找到能够提供尽可能高工资的岗位。第三章中课题组对那些处于无业/待业状态的失地农民调查样本的信息进行统计分析发现，"工作不够体面"和"薪资水平太低"是制约失地农民就业的主要问题。根据征地安置政策，失地农民可以获得住房分配或者相应的经济补偿，他们暂时没有太大的生存压力，因而他们的就业意愿就没有那么迫切。这时，他们会按照自己的工作是否体面、薪资待遇是否符合心理预期的标准来寻找工作。此外，由于失去土地具有一定的被迫性，失地农民会不间断地向政府寻求救助。这种寻求救助的

行为，无论是通过住房分配还是经济补偿，都会产生纯收入效应。这种效应会减弱失地农民的就业意愿，进而降低其就业稳定性。因此，本课题提出第四个假设 H4：不同的征地补偿方式会对失地农民的就业稳定性产生影响。

第二节 变量选取与模型构建

一、变量的选取与设定

塞恩布鲁赫（Sehnbruch，2004）在研究智利劳动力市场时提出，可以用就业时长衡量就业稳定性。① 本课题研究延续这一做法，将"被征地后失地农民平均每份工作的持续时间"作为因变量。虽然国际上通常用一个人将一份工作保持 6 个月以上的可能性来衡量就业的稳定性，但是考虑到农民的实际情况，通常农业以一年为周期，农民更换工作也通常发生在年底或第二年年初，如果失地农民在一个劳作周期内未失业或者更换工作，说明其就业稳定性较强。据此，本课题研究将被征地后失地农民平均每份工作持续时间大于 12 个月的情况视为稳定，将其平均每份工作持续时间小于 12 个月的情况视为不稳定。国内学者李丹和王娟提出的就业稳定性的衡量

---

① SEHNBRUCH K. From the quantity to the quality of employment: an application of the capability approach to the Chilean labor market [R]. Center for Latin American Studies (CLAS working papers), 2004.

指标包括与用人单位签订一年以上劳动合同①，朱慧将"就业在一年以上"作为衡量就业稳定性的标准之一②，说明将一份工作持续时间大于 12 个月作为就业稳定性的衡量标准，具有一定的合理性。借鉴国内各省（区、市）人力资源和社会保障部门关于"稳定就业"的标准（与用人单位签订一年以上劳动合同），如果将被征地后失地农民平均每份工作的持续时间大于 12 个月视为稳定的话，则调查样本中就业稳定的失地农民占 68%，就业不稳定的占 32%。

通过前述对理论基础与相关文献的回顾，本课题研究发现个人特征（性别、年龄、受教育程度、技能、经济状况等）和岗位特征（所属行业、单位类型、薪资福利等）是影响就业稳定性的重要因素。因此，在个人特征方面，本课题研究选取性别、年龄、受教育程度、婚姻状况、工作年限、职业资格证书等级以及被征地时是否有工作这 7 个因素作为自变量；在岗位特征方面，选取的自变量包括从事工作所属行业、单位类型、岗位类型、薪资福利、接受就业创业培训情况，以及被征地前和被征地后的收入来源等因素。

各个变量的定义、赋值及样本的基本统计情况详见表 4-1。

---

① 李丹，王娟. 影响我国劳动力市场就业稳定性的宏观因素及政策启示 [J]. 劳动保障世界（理论版），2010（8）.

② 朱慧. 城市扩张中失地农民再就业问题调查与思考：以栖霞区西岗街道观梅社区为例 [J]. 南京航空航天大学学报（社会科学版），2013（4）.

第四章 北京市失地农民就业稳定性的影响因素

表 4-1　　　　　　　　　变量定义与统计描述

变量名称	定义及赋值	均值	方差
就业稳定性	0=不稳定，1=稳定	0.682	0.466
性别	0=女，1=男	0.532	0.499
年龄	1=20~29岁，2=30~39岁，3=40~49岁，4=50~59岁	2.686	0.893
受教育程度	1=小学及以下，2=初中，3=高中（职高、技校、中专），4=大专，5=本科及以上	3.312	0.906
婚姻状况	0=无配偶（未婚、离异、丧偶），1=有配偶	0.814	0.390
工作年限	1=1年以下，2=1~3年，3=3~5年，4=5年以上	3.538	0.840
职业资格证书等级	1=无证书，2=初级工，3=中级工，4=高级工，5=技师及以上	2.204	0.936
被征地时是否有工作	0=否，1=有	0.930	0.255
月工资	1=2 200元以下，2=2 200~3 000元，3=3 001~5 000元，4=5 001~8 000元，5=8 001~10 000元，6=10 000元以上	3.938	1.648
社会保险	1=城镇职工（企业职工）的社会保险，2=城乡居民的社会保险，3=灵活就业人员（个人委托存档人员）的社会保险，4=无保险	1.884	0.915
就业培训	1=0次，2=1次，3=2次，4=3次，5=3次以上	3.074	1.021
创业培训	1=0次，2=1次，3=2次，4=3次，5=3次以上	2.896	1.124

续表

变量名称	定义及赋值	均值	方差
获取第一份工作的途径	1=政府部门安置,2=互联网及其他社会中介,3=家人、亲戚、朋友介绍,4=参加招聘会,5=自主创业,6=一直从事被征地前的工作,7=其他	3.358	1.519
被征地前收入来源 ——务农	0=否,1=是	0.441	0.497
——非务农职业	0=否,1=是	0.500	0.501
——承包地转包	0=否,1=是	0.442	0.497
——宅基地建房出租	0=否,1=是	0.406	0.492
——经营个体工商业	0=否,1=是	0.182	0.386
——村集体经济分红	0=否,1=是	0.494	0.500
单位类型	1=机关事业单位,2=国有企业/集体企业,3=非国有企业/非集体企业,4=个体工商户/自由职业者	3.154	0.914
岗位类型	1=高级和中层管理者,2=专业技术人员、熟练技术工人,3=非技术工人/普通工人、办事人员、服务业人员等	2.730	0.713
所属行业	1=制造业,2=建筑业,3=批发和零售业,4=交通运输、仓储和邮政业,5=其他行业,6=无行业	4.248	1.297
被征地后收入来源 ——征地补偿金	0=否,1=是	0.642	0.481
——非务农职业	0=否,1=是	0.496	0.500
——政府安置就业	0=否,1=是	0.518	0.500
——补偿房屋出租	0=否,1=是	0.672	0.471

续表

变量名称	定义及赋值	均值	方差
——经营个体工商业	0=否，1=是	0.236	0.425
——村集体经济分红	0=否，1=是	0.190	0.394

二、模型构建

就业稳定性为二分类变量，故采用二元逻辑回归模型。本课题研究将被征地后失地农民平均每份工作持续时间小于等于12个月的情况视为就业不稳定，记作 $Y=0$；将持续时间大于12个月的视为就业稳定，记作 $Y=1$。

对于失地农民个体而言，土地被征用后，他需要寻找新的非务农职业工作，而他是否会长期从事这份工作，除与他在这份新工作中获得的收入、满足感等相关外，还与其个人特征有关。在工作中获得的收入、满足感等与其岗位特征相关（如单位类型、岗位类型、所属行业、工资与社会保险等），能够寻找到并持续从事的新工作又取决于其个人特征（如年龄、性别、受教育程度、技能、经验等）。

设 P_j 表示失地农民就业稳定性的概率，在个人特征和岗位特征等变量 X_i 已知的情况下，p_j 的条件概率 $p_j = P(Y_j = 1 \mid X_1, \cdots, X_k)$ 是解释变量 $X_1, \cdots, X_k$ 的非线性函数（表示概率随 X_i 等变化而呈现的非线性变化），具体公式如下：

$$p_j = P(Y_j = 1 \mid X_1, \cdots, X_k) = \frac{\exp(\beta_0 + \beta_1 X_{1j} + \cdots + \beta_k X_{kj})}{1 + \exp(\beta_0 + \beta_1 X_{1j} + \cdots + \beta_k X_{kj})}$$

(4-1)

由此得到失地农民就业稳定性 P_j 的二元逻辑回归模型，具体公式如下：

$$\ln \frac{p_j}{1-p_j} = \beta_0 + \beta_1 X_{1j} + \cdots + \beta_k X_{kj} + u_j \quad (4-2)$$

公式（4-1）和公式（4-2）中，$j=1, 2, \cdots, n$；k 为解释变量个数。模型的参数 β_i 表示 X_i 增加 1 个单位时，$\ln \frac{p_j}{1-p_j}$ 的改变量。当 $\beta_i > 0$ 时，就业稳定性的概率 p_j 随 X_i 的增加而增加；反之，则随 X_i 的增加而减小。$1-p_j$ 表示第 j 个失地农民就业不稳定的概率，$\frac{p_j}{1-p_j}$ 表示就业稳定与否的优势比。

第三节 回归结果分析

运用 SPSS 软件对所获得的数据进行二元逻辑回归，结果见表 4-2。鉴于模型中的解释变量大多为分类变量，都设置为虚拟变量会导致个数过多，自由度损失较大。因此，本课题研究将有序分类变量（如月工资、就业培训次数、创业培训次数等）视为定量变量，将其余分类变量设置为分类变量（以最后一类为参照组），将核心变量设置为虚拟变量，以便更清晰地显示各因素对就业稳定性的影响。

表4-2　　　　　　　　　　回归模型估计结果

变量名称	回归系数	标准误	沃尔德检验统计量	自由度	显著性水平
性别	0.123	0.416	0.087	1	0.768
年龄					
——50~59岁			24.634	3	0.000
——20~29岁	-0.924	0.971	0.906	1	0.341
——30~39岁	1.159	0.598	3.756	1	0.053
——40~49岁	3.597	0.590	19.367	1	0.000
受教育程度					
——本科及以上			5.768	4	0.217
——小学及以下	0.567	1.535	0.136	1	0.712
——初中	-0.977	1.119	0.763	1	0.382
——高中（职高、技校、中专）	-0.275	0.939	0.086	1	0.769
——大专	-1.209	0.835	2.098	1	0.148
婚姻状况	3.325	0.585	32.266	1	0.000
工作年限	1.341	0.302	19.650	1	0.000
职业资格证书等级					
——技师及以上			2.578	4	0.631
——无证书	1.833	1.546	1.406	1	0.236
——初级工	2.164	1.535	1.987	1	0.159
——中级工	2.169	1.536	1.995	1	0.158

续表

变量名称	回归系数	标准误	沃尔德检验统计量	自由度	显著性水平
——高级工	1.643	1.696	0.939	1	0.333
被征地时是否有工作	-0.328	1.008	0.106	1	0.745
月工资	0.792	0.316	6.273	1	0.012
社会保险					
——无保险			21.579	3	0.000
——城镇职工（企业职工）的社会保险	5.064	1.302	15.128	1	0.000
——城乡居民的社会保险	2.902	1.209	5.765	1	0.016
——灵活就业人员（个人委托存档人员）的社会保险	3.292	1.254	6.893	1	0.009
就业培训	-0.325	0.273	1.415	1	0.234
创业培训	-0.048	0.268	0.033	1	0.856
获取第一份工作的途径					
——其他			1.795	6	0.938
——政府部门安置	-1.171	0.922	1.613	1	0.204
——互联网及其他社会中介	-0.766	0.808	0.899	1	0.343
——家人、亲戚、朋友介绍	-0.823	0.794	1.074	1	0.300
——参加招聘会	-0.887	0.882	1.011	1	0.315
——自主创业	-1.046	1.161	0.811	1	0.368
——一直从事被征地前的工作	1.387	1.688	0.000	1	1.000
被征地前收入来源					
——务农	0.140	0.508	0.076	1	0.782

续表

变量名称	回归系数	标准误	沃尔德检验统计量	自由度	显著性水平
——非务农职业	0.773	0.521	2.204	1	0.138
——承包地转包	0.771	0.528	2.134	1	0.144
——宅基地建房出租	0.303	0.489	0.386	1	0.535
——经营个体工商业	0.669	0.710	0.890	1	0.346
——村集体经济分红	0.919	0.550	2.796	1	0.094
单位类型					
——机关事业单位			12.490	3	0.006
——国有企业/集体企业	4.104	1.952	4.421	1	0.036
——非国有企业/非集体企业	-1.914	1.002	3.648	1	0.056
——个体工商户/自由职业者	-1.741	0.843	4.269	1	0.039
岗位类型					
——高级和中层管理者			0.307	2	0.858
——专业技术人员、熟练技术工人	-0.149	0.994	0.022	1	0.881
——非技术工人/普通工人、办事人员、服务业人员等	-0.344	0.621	0.307	1	0.579
所属行业					
——无行业			13.494	5	0.019
——制造业	-6.706	1.990	11.352	1	0.001
——建筑业	-4.468	1.870	5.712	1	0.017
——批发和零售业	-4.422	1.765	6.273	1	0.012
——交通运输、仓储和邮政业	-4.102	1.812	5.127	1	0.024

续表

变量名称	回归系数	标准误	沃尔德检验统计量	自由度	显著性水平
——其他行业	-3.622	1.683	4.633	1	0.031
被征地后收入来源					
——征地补偿金	-2.801	0.615	20.731	1	0.000
——非务农职业	-1.549	0.520	8.884	1	0.003
——政府安置就业	-2.704	0.555	23.733	1	0.000
——补偿房屋出租	-3.068	0.596	26.506	1	0.000
——经营个体工商业	-1.849	0.607	9.274	1	0.002
——村集体经济分红	-2.551	0.649	15.466	1	0.000
常量	-2.596	2.835	0.839	1	0.360

表4-2中模型的Cox & Snell R^2 为0.575，Nagelkerke R^2 为Cox & Snell R^2 的修正，达到了0.805，这表明模型的拟合较好，所选的解释变量可以解释就业稳定性80.5%的变异。模型的卡方检验P值为0.0000，模型整体显著。在选取的变量中，年龄、婚姻状况、工作年限、月工资、社会保险、单位类型、所属行业等变量的显著性水平均小于0.1，对失地农民就业稳定性的影响是显著的；其他变量在统计上无显著影响。在获取第一份工作的途径中，选项"一直从事被征地前的工作"表示被征地后失地农民获取的第一份工作来自被征地前的工作，参数估计为1.387，参数的标准误差异常大，原因在于选择该选项的样本数较少，且呈现不均衡状态（就业稳定的样本有32个，就业不稳定的样本仅有9个）。

表4-3中，模型的整体预测准确率为92.8%，这表明模型的预测效果较好。其中，$Y=0$的样本预测准确率为85.5%，$Y=1$的样本预测准确率为96.2%。

表4-3　　　　　　　　　回归模型的预测效果

		预测 Y		
		0	1	百分比校正
观测 Y	0	136	23	85.5
	1	13	328	96.2
	总计百分比			92.8

回归模型估计结果显示：

（1）在影响失地农民就业稳定性的个人特征变量中，年龄、婚姻状况、工作年限对就业稳定性的影响显著，性别、受教育程度、职业资格证书等级、被征地时是否有工作等变量对就业稳定性的影响则不显著。以50~59岁年龄段为参照，随着年龄的增长，就业稳定性也增强，其中20~29岁年龄段的就业稳定性最差，其回归系数为负数，但相比50~59岁年龄段的失地农民，其就业稳定性的差别不显著。婚姻状况和工作年限的回归系数为正，这表明有配偶的失地农民就业稳定性要好于无配偶的失地农民；工作年限越长，失地农民的就业稳定性越高。不同受教育程度的失地农民的就业稳定性没有显著的差别。职业资格证书等级对失地农民的就业稳定性影响也不显著。但从回归系数大小看，受教育程度较高的失地农民的就业稳定性反而较差。获职业资格证书等级居中的失地农民的就业稳定性较高，获职业资格证书等级更高的失地农民的就业稳定性反而略低，这可能是因为失地农民获职业资格证书的等级越高，他同雇主讨价还价的余地就越大，他在工作中会通过频繁跳槽来获取更高的收入。

（2）月工资和社会保险对失地农民的就业稳定性有显著的正向影响。薪资报酬是影响失地农民是否更换工作的主要动机。月工资越高，失地农民从工作中获得的满足感就越强，其就业也越稳定。与无保险的工作相比，参加城镇职工（企业职工）社会保险的失地农民的就业稳定性最高，参加灵活就业人员（个人委托存档人员）社会保险的失地农民的就业稳定性次之，参加城乡居民社会保险的失地农民的就业稳定性最低。

（3）就业培训和创业培训对失地农民的就业稳定性没有显著的影响，但回归系数为负，这表明失地农民参加的就业培训和创业培训次数越多，其就业稳定性就越差。这可能是因为逆向选择，即就业不稳定的失地农民，更倾向于选择参加就业培训和创业培训来增强自身的就业能力，以利于稳定就业。由此，其参加的培训次数会高于就业稳定的人员。获取第一份工作的途径对失地农民的就业稳定性没有显著的影响。就回归系数而言，通过政府部门安置和自主创业获取第一份工作的失地农民，其就业稳定性明显低于通过其他途径获取第一份工作的失地农民。

（4）单位类型与所属行业对失地农民的就业稳定性有显著的影响，岗位类型对失地农民的就业稳定性影响不显著。与在机关事业单位就业的失地农民相比,在国有企业/集体企业就业的失地农民具有更高的就业稳定性,在非国有企业/非集体企业就业的失地农民,以及个体工商户/自由职业者的就业稳定性较低。在失地农民工作所属行业中,制造业、建筑业、批发和零售业,交通运输、仓储和邮政业等行业的就业稳定性较低。建筑业的就业稳定性偏低不难理解,因为建筑业大多按照施工项目单独雇工,持续性较差。对本课题的调研样本进一步分析发现,在制造业企业就业的失地农民的就业稳定性显著低于其他行业,这主要是因为失地农民在制造业企业就业的薪资偏低,月收入在 5 000 元以下的失地农民,其就业持续时间通常不长。虽然岗位类型对失地农民的就业稳定性的影响不显著,但是从回归系数看,高级和中层管理者与专业技术人员、熟练技术工人及非技术工人/普通工人、办事人员和服务业人员相比,前者具有更高的就业稳定性。

(5)被征地前收入来源对失地农民的就业稳定性没有显著的影响,但被征地后收入来源对其就业稳定性则具有显著的影响。被征地前收入来源为村集体经济分红的失地农民,其就业稳定性显著高于其他收入来源种类。在被征地后收入来源中,征地补偿金、政府安置就业、补偿房屋出租、经营个体工商业、村集体经济分红等都会显著降低失地农民的就业稳定性,其中以补偿房屋出租作为被征地后收入来源的失地农民的就业稳定性最差,这可能是因为被征地后的稳定收入来源或大笔的征地补偿收入等使得失地农民在选择工作岗位时更为挑剔,从而导致其就业稳定性有所降低。

第四节 结论与展望

本课题研究基于课题组对北京市失地农民进行实地调研收回的 500 份问卷调查数据，总体上分析了该群体的就业稳定性，并运用二元逻辑回归分析了其就业稳定性的影响因素，得出了以下四点结论。

第一，北京市失地农民总体上就业较为稳定。将被征地后失地农民平均每份工作持续时间大于 12 个月的情况视为稳定就业，其占比接近 70%，这说明北京市政府相关部门较为稳妥地解决了失地农民的就业问题。就业是最大的民生，就业稳定了，失地农民的生活便有了最基本的保障。失地农民的稳定就业为北京城市化进程和首都社会稳定做出了贡献。

第二，在影响失地农民就业稳定性的个人特征变量中，年龄、婚姻状况、工作年限对就业稳定性的影响显著，性别、受教育程度、职业资格证书等级、被征地时是否有工作等变量对就业稳定性的影响则不显著，假设 H2 得到部分验证。在影响失地农民就业稳定性的岗位特征变量中，月工资、社会保险、单位类型和所属行业对失地农民的就业稳定性有显著的影响，岗位类型对其就业稳定性的影响不显著，假设 H3 得到部分验证。

第三，从政府部门为失地农民提供的公共就业服务来看，就业培训和创业培训对失地农民的就业稳定性没有显著影响。虽然政府部门为失地农民提供了很多的就业培训和创业培训，但是它们对稳定就业的促进作用并不显著，假设 H1 未得到验证。这一点与其他研究结论一致，如李道军等人（2018）对 300 名失地农民进行的问卷调查结果表明，失地农民就业培训项目没有考虑培训对象的个体差异性和劳动力市场的需求，培训项目缺乏针对性，且侧重农业生产的培训居多，这类培训远远满足不了河南省失地农民的多样化就业培训需求。① 臧婷婷（2019）在分析失地农民身处就业困境的原因时提到，通过政府购买建立的失地农民就业培训体系不完善，培训质量难以得到保证，失地农民的个人技能难以获得提升，培训对促进就业的效果也难以体现。② 这说明政府部门为失地农民提供的公共就业服务可能并不太契合失地农民的需求，培训并没有达到应有的促进就业的效果。政府相关职能部门应针对失地农民这一群体，进一步提高就业培训的针对性，提升培训质量，以促进失地农民稳定就业。

第四，从被征地后收入来源来看，征地补偿金、政府安置就业、补偿房屋（住房或门面房）出租、村集体经济分红等显著降低了失地农民的就业稳定性，假设 H4 得到验证。西方发达国家的征地补偿标准主要来自该国宪法和相关法律的规定，其补偿原则归纳起来大体上有"完全补偿"（使当事人的合法权益恢复到受损前的

---

① 李道军，常明，卢青波. 河南省失地农民就业教育培训研究 [J]. 合作经济与科技, 2018 (22).

② 臧婷婷. 失地农民就业培训服务中的政府购买研究 [J]. 河北企业, 2019 (4).

状况)、"不完全补偿"(财产权因其负有一定的社会义务而不具有绝对性,由此财产权的行使应基于公共利益的需要而依法受到一定的限制)和"适当补偿"(补偿时要对公共利益和行政相对人利益进行公正的权衡,进行公正的补偿,并不一定要求全额补偿,只要按照补偿时社会的一般观念,算定相当的、合理的补偿就足够了)3种。① 征地补偿标准应设定在一个合理的范围内,既要确保能保障失地农民的长远生计需求,同时也要防止补偿标准过高,从而导致失地农民过度依赖政府,丧失就业的积极主动性。

当然,本课题研究还存在一些不足之处,如由于数据所限、样本量不够充足,同时课题组未能做到完全随机抽样,这些可能会给回归模型估计结果带来一定的偏差。部分变量,如月工资、就业培训和创业培训次数,与失地农民的就业稳定性之间可能存在联立因果关系,因难以寻找到相应的工具变量,二元逻辑回归也无相应的工具变量估计方法,课题组没有进行内生变量的检验,从而使得参数可能存在偏误。在后续研究中,应进一步扩大样本量,通过对失地农民个体进行深度访谈来弥补问卷调查的不足,进一步深入了解影响失地农民就业的因素以及失地农民的就业困境。另外,针对失地农民就业问题在国内不同地区开展比较研究,也是后续一个重要的研究方向。

---

① 魏瑞清. 发达国家征地补偿标准、促进失地农民就业的具体措施及对我国的启示[J]. 中国管理信息化,2013(2).

第四章　北京市失地农民就业稳定性的影响因素

本 章 小 结

本章基于课题组对北京市失地农民进行实地调研收回的 500 份问卷调查数据，以"被征地后失地农民平均每份工作的持续时间"作为界定就业稳定性的指标，运用二元逻辑回归分析从微观层面研究失地农民就业稳定性的影响因素。研究发现，在个体特征方面，年龄、婚姻状况、工作年限对失地农民的就业稳定性影响显著，而性别、受教育程度、职业资格证书等级等变量对就业稳定性的影响则不显著；在岗位特征方面，月工资、社会保险、单位类型和所属行业对就业稳定性有显著影响，而岗位类型对就业稳定性的影响则不显著。此外，就业培训和创业培训对失地农民的就业稳定性没有显著影响，而征地补偿金、政府安置就业、补偿房屋出租、村集体经济分红等征地补偿方式则显著降低了失地农民的就业稳定性。

第五章 征地安置方式对失地农民就业稳定性的影响

通过第四章对北京市失地农民就业稳定性影响因素的实证分析发现,征地补偿金、政府安置就业、补偿房屋出租、村集体经济分红等征地补偿方式显著降低了失地农民的就业稳定性。考虑到失地农民的特殊性,征地安置方式也会影响其就业及就业稳定性。本章将继续利用500份问卷调查数据,运用中介效应模型进一步分析各种征地安置方式对失地农民就业稳定性的影响。

第一节 研究假设

1977年,莫藤森利用搜寻模型研究得出提高失业保险金水平和延长失业保险金给付期限会降低工作搜寻强度的结论。1982年,莫菲特和尼克尔森在劳动-闲暇模型中加入了失业保险,发现失业保险的"纯收入效应"会使劳动者增加闲暇。依据征地安置政策,失地农民可以获得住房分配或者相应的经济补偿。此外,由于失去土地具有一定的被迫性,失地农民会不间断地向政府寻求救助。两种

第五章　征地安置方式对失地农民就业稳定性的影响

方式均会产生"纯收入效应",它会减弱失地农民的就业意愿,进而使其就业稳定性降低。因此,在本章提出如下研究假设。

一、征地安置方式会对失地农民的就业意愿产生影响

一个人的就业意愿会直接影响他寻找工作的积极性和主动性,进而决定他的就业选择,而他所做的就业选择又会反过来影响他的就业意愿。

对于失地农民而言,征地安置方式直接对其收入的多少和收入获取的方式产生影响。在常见的征地安置方式中,住房安置通常无法让失地农民获得当前直接的现金流,但出租房屋可以使他们获得比较稳定持久的收入,并且住房作为资产近年来一直在不断地增值,尤其是一线城市,可以预期在合适的时间出售住房对很多居民而言会带给他们一笔非常大的现金收入,因而住房安置是非常受失地农民欢迎的征地安置方式。像在北京这样的城市,如果安置的住房位置比较好,失地农民可以获得不菲的房租收入,这无疑会直接提高失地农民对就业岗位的薪资要求,降低其就业意愿。货币安置也是一种常见的征地安置方式。失地农民如果能够获得一大笔货币补偿收入,这笔收入甚至比其一辈子的劳动收入还要多得多,就会导致其安于现状,进而降低其就业意愿。与此相对应的,如果政府提供的征地安置方式不能使失地农民获得一大笔直接的货币补偿或者稳定持久的收入,其生活压力就会比较大,其就业意愿就相对更强烈。因此,征地安置方式会对失地农民的就业意愿产生影响。据

此，本课题研究提出假设 H5：政府的征地安置方式显著地影响失地农民的就业意愿。

二、就业意愿会对失地农民的就业稳定性产生影响

就业意愿强的失地农民会根据其寻找工作的实际情况不断调整目标，适应工作的要求，其工作维持的时间会比较长，因此其工作耐受力会随之提高，其就业稳定性也会更高。相反，就业意愿弱的失地农民对工作的要求更为苛刻，他们主动适应工作要求的意愿低，这往往会导致他们因自身同工作岗位的适配度越来越低，最终无法忍受现有工作，其就业稳定性自然比较差。因此，本课题研究提出假设 H6：就业意愿会对失地农民的就业稳定性产生显著的正向影响。

三、征地安置方式会对失地农民的就业稳定性产生影响

征地安置方式会通过影响失地农民的就业意愿，进而影响其就业稳定性。征地安置方式也可以直接对失地农民的就业稳定性产生影响。失地农民认为在失去土地后，政府应该解决他们的生活问题，不论采用哪种征地安置方式，政府都不会对其未来生活不闻不问。如果政府为他们安排的就业岗位与其个人素质不匹配，他们往往不会主动去适应新的工作，而是更倾向于"等、靠、要"政府解决。在这种思想下，这些失地农民难以适配被征地后的工作岗位，只能不断更换工作，从而使得其就业稳定性越来越差。基于此，本课题研究提出假设 H7：征地安置方式会降低失地农民就业的稳定性。

第二节 变量选取与模型构建

一、变量说明

(一) 因变量

本课题研究的因变量是就业稳定性。课题组采用二分类变量度量就业稳定性,其中 $Y=1$ 表示就业稳定,$Y=0$ 表示就业不稳定。国内学者李丹、王娟(2010)提出就业稳定性衡量指标包括与用人单位签订一年以上劳动合同①,朱慧(2013)将"就业在一年以上"作为衡量就业稳定性的标准之一②,说明将一份工作持续时间大于 12 个月作为就业稳定性的衡量标准,具有一定的合理性。在问卷中,课题组设计了两个有关就业稳定性的问题,一是"被征地后您平均每份工作持续多长时间",选项分别为"3 个月以下""3~6 个月""6~12 个月""12~24 个月"和"24 个月以上"。本课题研究将平均每份工作持续时间在 12 个月以上的受访者视为就业稳定的。考虑到少部分农民被征地的时间小于 12 个月,课题组结合另一个问题"被征地后您换过几次工作",将这部分失地农民中没有换过工作的人也视为就业稳定的。在有效样本中,就业稳定的失地农

---

① 李丹, 王娟. 影响我国劳动力市场就业稳定性的宏观因素及政策启示 [J]. 劳动保障世界(理论版), 2010 (8).

② 朱慧. 城市扩张中失地农民再就业问题调查与思考:以栖霞区西岗街道观梅社区为例 [J]. 南京航空航天大学学报(社会科学版), 2013 (4).

民共有341人,占68.2%。

(二)核心解释变量

政府提供的征地安置方式 X 通常包括货币安置、住房安置、入股分红安置、就业安置、留地安置等多种。本文以0-1变量设置核心解释变量,其中 X_1 表示货币安置,X_2 表示就业安置,X_3 表示住房安置,X_4 表示入股分红安置。

问卷还调查了失地农民对各种征地安置方式的欢迎程度,结果见表5-1。从调查结果来看,最受失地农民欢迎的征地安置方式依次为货币安置、门面房安置和住房安置,分别有42.8%、37.6%和36.4%的失地农民认为这3种方式极受欢迎。分别有84.2%、82.2%和79.4%的失地农民认为住房安置、门面房安置和货币安置是受欢迎的。最不受欢迎的征地安置方式是农业安置,超过80%的失地农民认为其极不受欢迎,98.8%的失地农民对农业安置方式表示不欢迎;其次是留地安置,超过90%的失地农民对这种征地安置方式表示不欢迎,就业安置和社保安置的方式也比较不受欢迎,选择"不太受欢迎"和"极不受欢迎"的失地农民占到了全部样本的70%以上。对于入股分红安置方式,大多数失地农民的态度无明显偏向。从失地农民对征地安置方式的态度来看,脱离农村、脱离农业是他们普遍的愿望,但此后的经济来源是脱农的阻碍。大多数失地农民对就业安置和社保安置表示并不欢迎,他们更倾向于选择能够为他们提供持久的、稳定的、数额相对较大的收入来源的方式,如门面房安置、住房安置,或者选择能够一次性获得大量现金收入的货币安置方式，以便尽快改变其生活现状。

表 5-1　　　　　失地农民对各种征地安置方式的
欢迎程度占比　　　　　（单位：%）

选项	极受欢迎	比较受欢迎	一般	不太受欢迎	极不受欢迎
货币安置	42.8	36.6	12.8	5.2	2.6
就业安置	0	3.2	24.0	49.8	23.0
社保安置	0	2.4	22.2	47.6	27.8
门面房安置	37.6	44.6	14.8	1.8	1.2
住房安置	36.4	47.8	13.0	2.0	0.8
入股分红安置	0	3.4	66.3	24.8	5.4
农业安置	0	0.2	1.0	16.8	82.0
留地安置	0	0.2	8.8	64.2	26.8

（三）中介变量

中介变量是就业意愿 M。问卷将被征地后失地农民的就业意愿分为 5 个等级：非常强烈、比较强烈、一般强烈、不太强烈和很不强烈，分别用 5、4、3、2、1 的分值来表示。样本中，12.6% 的受访者就业意愿非常强烈，29.8% 的受访者就业意愿比较强烈，16.8% 的受访者就业意愿一般强烈，35.4% 的受访者就业意愿不太强烈，还有 5.4% 的受访者就业意愿很不强烈。就业意愿受到政府提供的征地安置方式 X 的影响，可用方程 $M=aX+e$ 表现它们之间的关系。

（四）控制变量

为避免其他因素影响失地农民的就业稳定性，从而对检验结果造成干扰，本课题研究选取失地农民的年龄、性别、婚姻状况、受教育程度、职业资格证书等级、工作年限等作为控制变量。

二、变量定义与样本基本统计情况

各个变量的定义、赋值及样本的基本统计情况详见表5-2。

表5-2　　　　　　　　变量定义与统计描述

变量	变量名称	定义及赋值	均值	方差
Y	就业稳定性	0=不稳定，1=稳定	0.68	0.466
X_1	货币安置	0=无征地补偿金，1=有征地补偿金	0.64	0.481
X_2	就业安置	0=政府没有安置就业，1=政府安置就业	0.52	0.500
X_3	住房安置	0=没有补偿房屋，1=有补偿房屋	0.67	0.471
X_4	入股分红安置	0=没有村集体经济分红，1=有村集体经济分红	0.19	0.394
M	就业意愿	1=很不强烈，2=不太强烈，3=一般强烈，4=比较强烈，5=非常强烈	3.08	1.368
X_5	年龄	1=20~29岁，2=30~39岁，3=40~49岁，4=50~59岁	2.69	0.893
X_6	性别	0=女，1=男	0.53	0.499
X_7	婚姻状况	0=无配偶（未婚、离异、丧偶），1=有配偶	0.81	0.390
X_8	受教育程度	1=小学及以下，2=初中，3=高中（职高、技校、中专），4=大专，5=本科及以上	3.31	0.906
X_9	职业资格证书等级	1=无证书，2=初级工，3=中级工，4=高级工，5=技师及以上	2.20	0.936
X_{10}	工作年限	1=1年以下，2=1~3年，3=3~5年，4=5年以上	3.54	0.840

三、中介效应模型

中介效应模型常用来揭示变量间的复杂作用机制，它是心理学量化研究的一类模型。具体而言，如果自变量 X 通过影响变量 M 而对因变量 Y 产生影响，则称 M 为中介变量。在中介效应模型中，自变量 X、中介变量 M 和因变量 Y 之间的关系如图 5-1 所示。

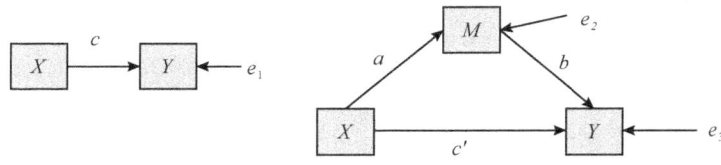

图 5-1　中介效应模型示意图

其中：系数 c 是自变量 X 对因变量 Y 的总效应；系数 a 是自变量 X 对中介变量 M 的效应；系数 b 是在控制了自变量 X 的影响后，中介变量 M 对因变量 Y 的效应；系数 c' 是在控制了中介变量 M 的影响后，自变量 X 对因变量 Y 的直接效应。中介效应等于间接效应，即等于系数乘积 ab；它与直接效应 c' 的和就是总效应。$\dfrac{ab}{c}$ 是中介效应占总效应的比重。

参照中介效应模型，以就业稳定性作为因变量 Y（$Y=1$ 表示就业稳定，$Y=0$ 表示就业不稳定），以影响就业稳定性的个体特征和征地安置方式作为自变量 X，以就业意愿作为中介变量 M，中介效应模型如图 5-2 所示。

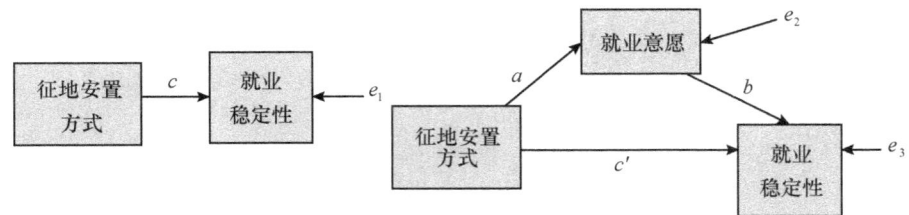

图 5-2 征地安置方式对失地农民就业稳定性影响的中介效应模型

建立二分类变量的逻辑回归方程：

$$Y' = cX + e_1 \quad (5-1)$$

$$M = aX + e_2 \quad (5-2)$$

$$Y'' = c'X + bM + e_3 \quad (5-3)$$

其中，

$$Y' = \mathrm{logit}P(Y=1\mid X) = \ln\frac{P(Y=1\mid X)}{1-P(Y=1\mid X)} \quad (5-4)$$

$$Y'' = \mathrm{logit}P(Y=1\mid X, M) = \ln\frac{P(Y=1\mid X, M)}{1-P(Y=1\mid X, M)} \quad (5-5)$$

考虑到方程（5-1）和方程（5-3）为二元逻辑回归，而方程（5-2）为线性回归，两种回归系数不具有可比性。按照麦金农和德怀尔（MacKinnon 和 Dwyer，1993）[1] 以及麦金农（MacKinnon，2008）[2] 的方法，对回归系数进行标准化变换（即：将原始回归系数转换为标准化回归系数）：

---

[1] MACKINNON D P, DWYER J H. Estimating mediated effects in prevention studies [J]. Evaluation review, 1993, 17 (2).

[2] MACKINNON D P. Introduction to statistical mediation analysis [M]. Mahwah, NJ: Erlbaum, 2008.

$$b^{std} = b \cdot SD(M)/SD(Y'') \quad (5-6)$$

$$c^{std} = c \cdot SD(X)/SD(Y') \quad (5-7)$$

$$c'^{std} = c' \cdot SD(X)/SD(Y'') \quad (5-8)$$

$$\text{var}(Y') = c^2 \text{var}(X) + \frac{\pi^2}{3} \quad (5-9)$$

$$\text{var}(Y'') = c'^2 \text{var}(X) + b^2 \text{var}(M) + 2c'b\text{cov}(X, M) + \frac{\pi^2}{3}$$

$$(5-10)$$

其中，$\frac{\pi^2}{3}$为标准逻辑分布的方差。利用标准化的回归系数［见方程（5-6）、方程（5-7）和方程（5-8）］，可计算得到中介效应的大小以及中介效应占总效应的比例。

第三节 实证检验与结果分析

一、模型估计

对于方程（5-1）和方程（5-3）的二元逻辑回归模型，使用最大似然法（ML）进行估计；对于方程（5-2）的线性回归模型，使用普通最小二乘法（OLS）进行估计。首先以二分类变量——就业稳定性 Y 作为因变量，加入控制变量，并剔除不显著的变量后，得到模型 A；然后加入核心解释变量，得到模型 B；最后加入中介变量，得到模型 C。具体的估计结果见表 5-3。

表 5-3　　模型 A、模型 B、模型 C 的估计结果

解释变量（自变量）	模型 A	模型 B	模型 C
常数	-5.410*** (0.688)	-2.726*** (0.882)	-9.807*** (1.641)
年龄——50～59 岁	***	***	***
——20～29 岁	-1.376** (0.549)	-1.467** (0.665)	-1.219 (0.858)
——30～39 岁	1.030*** (0.316)	0.734** (0.366)	1.340*** (0.480)
——40～49 岁	1.389*** (0.328)	1.549*** (0.375)	1.952*** (0.480)
婚姻状况	2.471*** (0.298)	2.272*** (0.332)	2.485*** (0.454)
工作年限	1.024*** (0.147)	1.378*** (0.209)	1.556*** (0.319)
货币安置（X_1）		-1.428*** (0.344)	-1.188*** (0.438)
就业安置（X_2）		-1.653*** (0.311)	-1.775*** (0.405)
住房安置（X_3）		-1.930*** (0.369)	-1.763*** (0.466)
入股分红安置（X_4）		-1.736*** (0.383)	-2.351*** (0.526)
就业意愿（M）			2.180*** (0.288)
拟合统计量	模型 A	模型 B	模型 C
-2LL	433.540	329.760	205.011

第五章 征地安置方式对失地农民就业稳定性的影响

续表

拟合统计量	模型 A	模型 B	模型 C
Cox & Snell R^2	0.319	0.446	0.569
Nagelkerke R^2	0.446	0.625	0.797
预测正确率	82.4%	85.4%	91.6%

注：1. 因变量为就业稳定性（Y）。

2. 括号中为回归系数的标准误。

3. ***、**、* 分别表示参数在 1%、5%、10% 的显著性水平上统计显著。

从模型 A 的回归结果看（剔除了不显著的变量），控制变量中，性别、受教育程度和职业资格证书等级等对就业稳定性的影响不显著，年龄、婚姻状况、工作年限对就业稳定性的影响显著。加入核心解释变量后，模型 B 的 -2LL 有明显的下降，Cox & Snell R^2 和 Nagelkerke R^2 有明显的提升，预测的正确率从 82.4% 提升到 85.4%，X_1、X_2、X_3、X_4 均在 1% 的显著性水平上统计显著，这表明征地安置方式对就业稳定性有显著影响。继续加入中介变量后的模型 C，-2LL 下降到 205.011，Cox & Snell R^2 和 Nagelkerke R^2 分别达到 0.569 和 0.797，预测的正确率为 91.6%，相比模型 B 有较大的改进，这表明中介变量（就业意愿）对就业稳定性的影响显著。

使用普通最小二乘法对就业意愿 M 进行估计，得到如下结果：

$$M_i = 3.824 - 0.183X_{1i} - 0.382X_{2i} - 0.599X_{3i} - 0.103X_{4i} \qquad (5-11)$$

$$(0.113) \quad (0.107) \quad (0.100) \quad (0.110) \quad (0.129)$$

$$R^2 = 0.105, \quad F = 14\ 517, \quad \text{Prob}(F) = 0.000$$

回归方程（5-11）中括号内的数值为对应参数的标准误。

从估计结果看,虽然模型的拟合优度只有 0.105,但是模型整体在 1% 的显著性水平上统计显著,考虑到数据样本量比较大,且为截面数据,模型依然是可用的。除了 X_4 不显著以外,X_2 和 X_3 均在 1% 的显著性水平上统计显著,X_1 在 10% 的显著性水平上统计显著,这表明就业意愿的强烈程度与政府的征地安置政策之间存在显著的关系,货币安置、就业安置、住房安置政策对就业意愿有显著的负向影响。

二、假设的检验

(一)征地安置方式会对失地农民的就业意愿产生影响

征地安置方式对失地农民就业意愿产生的影响如回归方程(5-11)所示。整个模型在 1% 的显著性水平上 X_1、X_2 和 X_3 均统计显著,且解释变量的回归系数均为负,这表明征地安置方式对失地农民的就业意愿有显著的负向影响。从回归系数来看,住房安置的影响最大,相比其他征地安置方式安置的失地农民,获得安置住房且出租的失地农民的就业意愿平均要低 0.599 个单位;排在第二位的是就业安置,相比没有享受就业安置的失地农民,获得就业安置的失地农民的就业意愿平均要低 0.382 个单位;排在第三位的是货币安置,获得征地补偿金的失地农民的就业意愿比没有获得征地补偿金的失地农民平均低 0.183 个单位。综上所述,假设 H5 得到验证。

(二)就业意愿会对失地农民的就业稳定性产生影响

就业意愿对失地农民就业稳定性产生的影响如模型 C 所示。从

第五章 征地安置方式对失地农民就业稳定性的影响

估计结果看,加入中介变量(就业意愿)后的模型 C 与模型 B 相比,前者的拟合效果有明显改善,就业意愿的系数为 2.180,在 1% 的显著性水平上统计显著,这表明就业意愿对失地农民的就业稳定性有显著影响,失地农民的就业稳定性随着其就业意愿的提升而增加,就业意愿每提升 1 个单位,就业稳定性的 logit 函数就平均增加 2.180 个单位。因此,假设 H6 得到验证。

(三)征地安置方式会对失地农民的就业稳定性产生影响

从模型 B 和模型 C 的估计结果看,征地安置方式对失地农民就业稳定性的直接影响(模型 C 对应的系数)和总影响(模型 B 对应的系数)均显著,且为负,这表明货币安置、就业安置、住房安置和入股分红安置会显著降低失地农民的就业稳定性。因此,假设 H7 得到验证。

三、中介效应分析

对逻辑回归方程的系数标准化后,可计算得到间接效应 ab,并据此计算得到中介效应占总效应的比重 $\frac{ab}{c}$。本章中,X_1、X_2、X_3、X_4 的中介效应分别为 -0.129、-0.269、-0.423 和 -0.073,占总效应的比重分别为 44.9%、52.3%、64.8% 和 22.1%。这表明中介效应在征地安置方式对失地农民就业稳定性的影响中发挥了重要作用。征地安置方式对失地农民的就业意愿产生了较大影响,进而通过其就业意愿显著影响了失地农民的就业稳定性。

（一）住房安置的中介效应最大

当失地农民将安置住房出租时，相应地他们就能获得相对稳定的、数额可观的收入来源，这种情况会使他们的就业意愿减弱，对就业岗位的要求提高，最终可能导致他们就业困难或者就业不稳定。

（二）就业安置的中介效应也比较大

按照常理而言，就业安置一般会使失地农民获得相对稳定的就业。但调查结果正好相反。这可能是因为政府安置的就业岗位与失地农民的要求、技能等不能很好地匹配，导致失地农民开始时就产生了一定的抵触情绪，就业意愿下降，从而造成其就业稳定性较差。

（三）入股分红安置的中介效应最小

虽然入股分红安置也能获得稳定的收入来源，但是一般的村集体企业规模较小，盈利能力也不强，失地农民获得的收入数额相对较小，与维持其基本生活所需的收入水平相比相距甚远。因此，这种征地安置方式对失地农民就业意愿的影响不显著。

四、结果分析

从最终模型 C 的估计结果看，第一，失地农民的个体特征显著影响其就业稳定性。年龄大、有家庭、工作年限长的失地农民就业相对更加稳定，性别、受教育程度和取得的职业资格证书等级等变量没有对失地农民的就业稳定性产生显著影响。

第二，失地农民就业意愿的强烈程度显著影响其就业稳定性。失地农民的就业意愿越强，其就业稳定性就越高。

第三，征地安置政策对失地农民的就业稳定性有着显著的负向影响，且通过失地农民的就业意愿对其就业稳定性产生比较大的中介效应。其中，住房安置的影响最大，就业安置的影响次之，货币安置的影响也比较显著，只有入股分红安置对失地农民就业意愿的影响不显著，中介效应最小。

第四节 结论与对策建议

一、主要结论

本课题研究基于课题组对北京市失地农民进行实地调研收回的500份问卷调查数据，运用中介效应模型，分析征地安置方式对失地农民就业稳定性的影响，得出了以下结论：

一是征地安置方式会对失地农民的就业意愿产生负向影响，按照影响程度从大到小排列依次为：住房安置、就业安置、货币安置和入股分红安置。

二是失地农民的就业稳定性会随着其就业意愿的增强而得到提升。

三是征地安置方式会通过直接效应和中介效应两种方式影响失地农民的就业稳定性，且中介效应在征地安置方式对失地农民就业稳定性的影响中具有重要作用。货币安置、就业安置、住房安置和入股分红安置的中介效应占总效应的比重分别为44.9%、52.3%、64.8%和22.1%。

四是年龄大、有家庭、工作年限长的失地农民就业相对更加稳定,性别、受教育程度和取得的职业资格证书等级等变量对失地农民的就业稳定性没有显著的影响。

二、对策建议

(一)增强失地农民的就业意识,提高其就业意愿

政府应加强就业宣传,树立就业创业模范,吸引失地农民主动问询,增强失地农民的就业意识,变"要我就业"为"我要就业"。此外,政府应建立有效的帮扶和就业补贴机制,促使失地农民主动就业,提高失地农民的就业意愿。

(二)提升失地农民的劳动素质,提供与其相适配的劳动岗位

失地农民的受教育程度普遍偏低,加上他们缺乏有效的工作技能,致使他们的就业稳定性不强。为此,首先要提高失地农民的劳动素质。一方面,政府可以定期开展基础的就业培训,提升失地农民的基本就业素养;另一方面,要建立企业和失地农民的联络渠道,企业定期开展专业培训,确保这些培训与劳动岗位相适应,使失地农民在培训后有去处。当地政府还应扶持乡镇企业,提供更多与失地农民相适配的劳动岗位,使他们在"家门口"就可以找到工作,进而提升他们的就业稳定性。

（三）转换征地安置方式，考虑多种安置方式相结合

单一的征地安置方式（如货币安置、住房安置、就业安置、入股分红安置等）都具有一定的局限性。在实行征地安置时，应考虑多种征地安置方式相结合，如货币安置和就业安置相结合，这样既不会引起失地农民对征地安置方式的极度不满，又能促进其就业。

（四）拓展就业平台渠道，鼓励异地就业安置

失地农民在本地的就业机会往往较少，可以建立失地农民就业平台渠道，加强与发达地区劳动密集型用工企业的联系，帮助有条件的失地农民离开本地到异地就业。发达地区的工资水平相对较高，发达地区对各种层次的劳动力需求都比较大，异地就业安置不仅可以提升失地农民的就业稳定性，还能在一定程度上缓解农村劳动力过剩问题。

当然，本课题研究还存在一些不足之处，如由于数据所限、样本量不够充足，同时课题组未能做到完全随机抽样，这些可能会给回归模型估计结果带来一定的偏差。在后续研究中，应进一步扩大样本量，通过对失地农民个体进行深度访谈来弥补问卷调查的不足，进一步深入分析征地安置政策对失地农民就业及就业稳定性的影响。

本 章 小 结

本章基于课题组对北京市失地农民进行实地调研收回的 500 份

问卷调查数据，运用中介效应模型，分析征地安置方式对失地农民就业稳定性的影响。研究结果表明，征地安置方式对失地农民的就业意愿产生负向影响；失地农民的就业稳定性随着其就业意愿的增强而得到提升；征地安置方式通过直接效应和中介效应两种方式影响失地农民的就业稳定性，且中介效应在征地安置方式对失地农民就业稳定性的影响中具有重要作用。由此，应增强失地农民的就业意识，提升失地农民的劳动素质，考虑多种征地安置方式相结合，鼓励异地就业安置。

第六章 北京城市战略定位下失地农民就业的新机遇与主要方向

2014年2月,习近平总书记在北京市考察工作时对北京的城市核心功能提出"四个中心"(即全国政治中心、文化中心、国际交往中心、科技创新中心)的明确定位,要求努力把北京市建设成为国际一流的和谐宜居之都。"四个中心"是党中央赋予北京市的城市战略定位。本章将分析北京城市战略定位下失地农民就业的新机遇与主要方向。

第一节 北京城市战略定位给失地农民就业带来的机遇与挑战

一、"四个中心"城市战略定位与失地农民就业的关系

北京市作为全国政治中心、文化中心、国际交往中心、科技创新中心的城市战略定位,不仅深刻回答了"建设一个什么样的首都"这一重大时代课题,而且为做好新时代首都工作提供了根本

遵循。

北京市"四个中心"的城市战略定位与失地农民就业之间存在着相互影响、相互制约的关系。

(一)做好失地农民就业保障工作事关"四个中心"城市战略定位的实现

北京市要实现"四个中心"的城市战略定位,就需要不断推进城市规划和建设工作,这必然会导致部分地区的土地被征收。对于失地农民来说,土地被征收意味着他们失去了主要的生活来源。政府和社会需要解除失地农民的后顾之忧,为他们的生活和未来发展考虑并提供保障,为他们提供更多的就业机会和技能培训,帮助他们顺利转型、融入城市生活。反之,没有做好失地农民的就业保障工作,必然会影响城市规划和建设工作的推进,进而影响"四个中心"城市战略定位的实现。北京市在实现"四个中心"城市战略定位的过程中,必然会考虑平衡城市发展与失地农民权益的关系。通过合理的规划和管理,促进城市的可持续发展,同时保障农民的基本权益,为他们提供更多的就业机会和福利保障。

(二)"四个中心"城市战略定位的实现为失地农民带来多方面的机遇和发展空间

首先是就业机会的增加。全国政治中心和国际交往中心的定位,无疑对中央政务的高效运作、国际交往环境的优化及配套服务水平的提升提出了更高要求。这将为失地农民提供丰富的就业机会,包括安保、司机、餐饮、保洁、客房服务、会务服务、会展服务等,让他们在提供优质政务保障服务和国际交往服务的过程中,找到新的职业归宿。此外,北京市作为全国文化中心,更是一座世界闻名的历史文化名城,拥有深邃且丰富的历史文化底蕴。在这一得天独厚的环境中,失地农民能够充分依托主场优势,肩负起传承城市历史文化的崇高使命,尤其能够在乡村旅游业中大有作为。

其次是教育资源的优化。在推进"四个中心"城市战略定位实现的过程中,政府会为失地农民提供更多的教育和培训资源,以帮助他们提高技能和知识水平,增强他们在劳动力市场上的竞争力。

再次是收入和福利水平的提高。土地被征收后,政府会给予失地农民相应的补偿和安置费用。这些资金可以为失地农民提供一定的经济支持,帮助他们更好地融入城市生活。同时,失地农民享受的福利,如养老保险、医疗保险、住房条件、基础设施条件等也会得到改善,进而提高他们的生活质量。

最后是创业机会的增多。政府会为失地农民提供创业方面的优惠政策和资金支持,帮助失地农民实现自我发展的目标并成就其创业梦想。

总之,政府和社会各界应共同努力,为失地农民创造更好的发展环境和条件,推动他们实现全面发展并帮助他们更快地融入城市生活。

二、"四个中心"城市战略定位给失地农民就业带来的机遇与挑战

(一)"四个中心"城市战略定位给失地农民就业带来的机遇

北京市作为首都,始终将深化"四个中心"功能建设、提升"四个服务"水平作为发展的核心目标,旨在更好地服务党和国家的工作大局。北京市高度重视就业问题,特别关注文化创意、跨境电子商务、信息服务、科技服务以及健康养老等高端领域的发展,以引导更多的城乡劳动者进入高端制造业和现代服务业,为失地农民提供更为广阔的就业空间。

同时,随着首都功能建设的持续加强,新一代信息技术、智能装备、人工智能、软件和信息服务、科技服务等高精尖产业,以及高端制造业配套产业等新兴领域不断涌现,为就业市场带来了新的增长点。政府通过实施有针对性的职业培训,逐步引导失地农民在高精尖产业和高端制造业配套产业中找到适合他们的就业岗位。

根据《北京市"十四五"时期人力资源和社会保障发展规划(包括医疗保障)》(京人社规字〔2021〕54号),"十四五"时期,北京市聚焦产业转型升级和区域功能定位,持续优化就业结构。围绕首都功能核心区、中心城区、平原地区新城、生态涵养区等城市空间布局调整,合理拓展和布局就业新空间。结合中心城区产业结构优化,有效控制就业岗位规模,引导就业人口随功能转移。完善北京城市副中心、新城承接中心城区功能转移的就业政

第六章 北京城市战略定位下失地农民就业的新机遇与主要方向

策,实现新城宜居宜业、职住平衡。开展重大项目建设地区、就业困难地区、生态涵养区"一地一策"帮扶,有效缓解区域性就业压力。

(二)"四个中心"城市战略定位给失地农民就业带来的挑战

北京市着力加强"四个中心"功能建设,同时疏解非首都功能。凡是不符合首都城市战略定位的功能均被视为非首都功能,主要包括以下四个方面:一般性制造业,区域性物流基地和批发市场,部分教育、医疗等公共服务功能,以及部分行政性、事业性服务机构。与之对应的,北京市要着力提升"四个服务"(即为中央党、政、军领导机关的工作服务,为国家的国际交往服务,为科技和教育发展服务,为改善人民群众生活服务)的水平。

北京市通过"禁、关、控、转、调"五种方式来完成疏解非首都功能的产业目标。"禁"主要是指严格按照新增产业的禁止和限制目录,禁止新建、扩建首都不宜发展的工业项目,尤其是明确全市范围内不再新增一般制造业;"关"是指就地关停高污染、高耗能、高耗水企业,全面治理镇村工业大院,加快清理小散乱企业;"控"是指对城市废弃物处理、炼油、食品加工等保障城市运行及民生的行业实行总量控制;"转"是指对不符合首都城市战略定位的劳动密集型、资源依赖型一般制造业实施整体转移;"调"是指对高端产业中不具备比较优势的制造环节实施调整,主动在京津冀进行全产业链布局。

显然,北京市在疏解非首都功能时,主要涉及的产业领域为一般制造业和劳动密集型产业。这些产业长期以来一直是吸纳失地农民（或农村转移劳动力）的重要阵地，为大量劳动者提供了就业岗位。然而，由于劳动力需求是派生性需求，非首都功能产业的疏解势必会导致相应就业岗位的减少，从而对失地农民的就业带来一定的挑战。

第二节　北京城市战略定位下失地农民就业的主要方向

北京城市战略定位下失地农民就业的主要方向大体上遵循"城市+农村"两条主线。一是面向城镇地区的城市公共服务与城市运行类岗位，如交通安全保障、养老助残、卫生医疗保障事业、文化教育事业、餐饮商贸等城市公共管理服务领域以及物业、家政等社区服务业的相关岗位。二是农村领域第三产业（如农村养老业、农村电子商务业、乡村旅游业等）的相关岗位。

一、城市公共服务与城市运行类岗位

北京市"四个中心"的城市战略定位对城市公共服务与城市运行提出了更高的要求，同时也为失地农民带来了就业机会。归纳起来，失地农民可以在以下四类岗位就业。

一是城市供水、排水、供热、燃气、园林绿化、公共物业、公共交通、环境卫生、城市监督以及保安辅警等城市运行保障类

岗位。

二是为适应生产性、生活性服务业向高品质和多样化升级，引导失地农民转向养老服务、家政服务等行业，以及高端制造业配套产业和民生刚性需求较大的劳动密集型制造业就业。具体而言，他们可以从事养老护理、医疗陪护、托育服务、家政服务、西式面点制作、快递配送等岗位。

三是基于首都特有的著名文化旅游景点以及休闲度假中心，如雁栖湖景区、欢乐谷、环球主题公园等，发展相关的商贸、导游、餐饮等岗位的就业。

四是针对平台经济、共享经济等新业态的蓬勃发展，努力拓宽灵活就业渠道，支持失地农民通过个体经营、非全日制工作以及新就业形态等多种方式实现灵活就业。

二、农村领域第三产业相关岗位

鉴于失地农民对农村、农业比较熟悉，且对其具有天然的亲切感，本课题研究认为应以乡村振兴为契机，充分利用农村特色资源，围绕科技农业、精品农业、都市农业、生态农业、全域旅游、精品民宿等领域开发就业岗位，这也是解决失地农民就业问题的有效之举。应重点发展失地农民在乡村旅游业、农村电子商务业、农村公共服务业这三个领域的就业。

（一）乡村旅游业

截至 2021 年年底，北京市共有农业观光园 1 009 个，高峰期从业人员达到 29 451 人，接待游客 1 154.5 万人次，经营总收入达 18.4 亿元；实际经营的乡村旅游接待户和单位有 6 793 家，高峰期从业人员达 21 607 人，接待游客 1 365.7 万人次，乡村旅游总收入 14.1 亿元。今后，政府应进一步加强引导，积极鼓励旅游产品的创新，深入发掘乡村旅游的文化精髓，塑造独有的乡村旅游特色，从而进一步推动北京市休闲观光、体验度假等乡村旅游的蓬勃发展。北京市乡村旅游的兴盛，必将吸引更多的失地农民加入其中，使他们从中获得更多的就业岗位。

（二）农村电子商务业

农村电子商务是电子商务营销模式在农村的具体应用，卖方在与买方不见面的情况下，将农村经济活动中易得的产品传递到市场并与买方完成交易。目前，农村电子商务已经迈入新的发展阶段，它以便捷交易为核心目标，依托互联网、计算机、大数据等先进技术，构建了一个整合性的农村电子商务平台。这一平台有效连接了政府、企业、消费者、农民以及认证中心、配送中心、物流中心、监管机构等各类主体，形成了一个紧密的网络体系。通过这一体系，农村的生产生活、市场经营得以全面实现电子化、信息化和网络化。2010 年以来，北京市农村电子商务实现快速发展，农业现代化的进程随之不断加快，销售渠道不断拓宽，农民的生活也有了明显的提高。近年来，北京市农村电子商务的总体发展态势良好，拥有巨大的消费市场潜力。这一发展为失地农民提供了更多就业机会，使他们能够从事电子商务、物流服务等相关岗位工作。

(三)农村公共服务业

北京市坚持走"大城市带动大京郊、大京郊服务大城市"的城乡融合发展道路,全面推进乡村振兴,建设宜居宜业和美乡村。北京市深化农村人居环境整治,统筹乡村基础设施和公共服务布局,实现农村公共服务全覆盖,并通过多措并举有效提升农村基本公共服务水平。在这一过程中,涌现出众多的公共服务岗位,包括公共设施维护、社区保安、环境维护、垃圾分类、综合治理以及劳动保障协管等。

同时,北京市农村老龄化问题已十分突出,全市农村人口老龄化程度高于全国平均水平。据统计,2014年北京市农业户籍人口中,60岁以上的老年人口接近62万人,占农业户籍人口总数的24.2%,这一比例超过国际标准14.2个百分点,比同期全国老龄化率的15.5%高出8.7个百分点。乡村老龄化的加剧使得农村养老问题变得日益紧迫。为此,政府应在制度设计上着力发展京郊养老产业,构建多层次的养老服务体系,以确保农村老年人能够老有所养。同时,养老产业的发展也将为失地农民提供相应的就业机会。

乡村旅游业、农村电子商务业以及农村公共服务业的发展在带动农村地区经济社会发展的同时,能极大地促进失地农民的就业。一方面,这三个领域都集中在农村当地,市场前景广阔;另一方面,这三个领域能提供大量的低端工作岗位,失地农民只要经过简单的岗前培训即可胜任。工作岗位就在家附近,不仅降低了失地农民的生活成本,还使他们照顾家庭变得更为便捷,同时能获取稳定的收入。这无疑为吸纳北京市失地农民就业提供了很好的发展方向。

本 章 小 结

本章分析了北京市的"四个中心"城市战略定位与失地农民就业之间存在的相互影响、相互制约的关系。做好失地农民就业保障工作事关"四个中心"城市战略定位的实现,"四个中心"城市战略定位的实现为失地农民就业带来多方面的机遇和发展空间。同时,"四个中心"城市战略定位也给失地农民就业带来了诸多挑战。北京城市战略定位下失地农民就业的主要方向大体上遵循"城市+农村"两条主线。一是城市公共服务与城市运行类岗位,二是农村领域第三产业的相关岗位。

第七章 北京市促进失地农民就业的政策与实践

在失地农民就业方面,政府并未单独制定专门的就业政策,而是将其纳入整个农村劳动力群体的就业工作中统筹考虑。第六章我们分析了北京城市战略定位下失地农民就业的新机遇与主要方向,本章我们将对北京市促进农村劳动力就业的主要政策进行回顾,并介绍北京市朝阳区、丰台区、昌平区和顺义区四个区的成功实践。

第一节 21世纪以来北京市促进农村劳动力就业的主要政策

一、21世纪以来北京市促进农村劳动力就业的主要政策概览

自21世纪以来,北京市为促进农村劳动力转移就业,先后出台了一系列政策文件,具体见表7-1。

表 7-1　　21 世纪以来北京市促进农村劳动力就业相关政策文件情况

序号	文件名称	发文单位	文号	发文日期
1	《北京市加强农村富余劳动力就业工作的意见》	北京市劳动和社会保障局、北京市农村工作委员会	京劳社就发〔2003〕29号	2002-12-25
2	《北京市劳动和社会保障局关于贯彻〈北京市加强农村富余劳动力就业工作的意见〉的有关问题的通知》	北京市劳动和社会保障局	京劳社就发〔2003〕38号	2003-02-17
3	《北京市农村劳动力转移就业管理办法》	北京市劳动和社会保障局	京劳社就发〔2006〕86号	2006-06-16
4	《北京市人民政府贯彻落实国务院关于进一步加强就业再就业工作文件的通知》	北京市人民政府	京政发〔2006〕4号	2006-02-28
5	《北京市劳动和社会保障局关于加强本市农村劳动力转移就业基础管理工作有关问题的通知》	北京市劳动和社会保障局	京劳社就发〔2009〕48号	2009-02-18
6	《北京市人民政府办公厅转发市人力社保局关于营造创新创业环境推进创业带动就业工作指导意见的通知》	北京市人民政府办公厅	京政办发〔2011〕66号	2011-12-05
7	《北京市人力资源和社会保障局　北京市财政局关于印发〈用人单位岗位补贴和社会保险补贴管理办法〉的通知》	北京市人力资源和社会保障局、北京市财政局	京人社就发〔2012〕308号	2012-12-20
8	《北京市人力资源和社会保障局关于北京市开展"春潮行动"的通知》	北京市人力资源和社会保障局	京人社能发〔2014〕133号	2014-06-25

续表

序号	文件名称	发文单位	文号	发文日期
9	《北京市人力资源和社会保障局 北京市财政局关于印发〈北京市社会公益性就业组织管理试行办法〉的通知》	北京市人力资源和社会保障局、北京市财政局	京人社就发〔2014〕170号	2014-08-22
10	《北京市人力资源和社会保障局关于进一步调整城乡就业管理制度有关问题的通知》	北京市人力资源和社会保障局	京人社就发〔2017〕171号	2017-08-21
11	《北京市人力资源和社会保障局关于城市公共服务类岗位安置本市农村地区劳动力就业促进农民增收政策有关工作的通知》	北京市人力资源和社会保障局	京人社就发〔2018〕106号	2018-03-21
12	《北京市人民政府办公厅关于印发〈北京市职业技能提升行动实施方案（2019—2021年）〉的通知》	北京市人民政府办公厅	京政办发〔2019〕18号	2019-09-27
13	《北京市人力资源和社会保障局关于印发〈北京市人力资源和社会保障局支持多渠道灵活就业实施办法〉的通知》	北京市人力资源和社会保障局	京人社就发〔2020〕19号	2020-09-29
14	《北京市人力资源和社会保障局 北京市财政局关于开展一次性创业补贴工作的通知》	北京市人力资源和社会保障局、北京市财政局	京人社服发〔2020〕35号	2020-10-26
15	《中共北京市委 北京市人民政府印发〈关于全面推进乡村振兴加快农业农村现代化的实施方案〉的通知》	中共北京市委、北京市人民政府	京发〔2021〕9号	2021-03-31

续表

序号	文件名称	发文单位	文号	发文日期
16	《北京市就业工作领导小组关于印发〈关于促进本市农村劳动力就业参保若干措施〉的通知》	北京市就业工作领导小组	京就发〔2021〕4号	2021-09-09
17	《北京市人力资源和社会保障局 北京市财政局关于促进本市农村劳动力就业参保有关问题的通知》	北京市人力资源和社会保障局、北京市财政局	京人社就发〔2022〕1号	2021-12-28
18	《北京市人力资源和社会保障局关于进一步强化农村劳动力就业管理服务的通知》	北京市人力资源和社会保障局	京人社就发〔2022〕42号	2022-11-17
19	《中共北京市委 北京市人民政府印发〈关于做好2023年全面推进乡村振兴重点工作的实施方案〉的通知》	中共北京市委、北京市人民政府	北京市人民政府公报	2023-03-28
20	《北京市经济和信息化局 北京市农业农村局关于印发〈关于落实乡村振兴重点工作支持农产品加工中小企业发展若干措施〉的通知》	北京市经济和信息化局、北京市农业农村局	京经信发〔2023〕17号	2023-05-12

二、21世纪以来北京市促进农村劳动力就业的三个阶段

（一）就业政策探索与完善阶段（2000—2010年）

这一阶段，北京市开始对农村劳动力就业问题展开深入的探索和研究，并逐步完善相关政策。政府开始重视农村劳动力的职业技能培训，为农村劳动力提供更多的就业信息和指导，鼓励农村劳动

第七章 北京市促进失地农民就业的政策与实践

力向城市转移,并保障他们的合法权益。

2002年年底,北京市劳动和社会保障局与北京市农村工作委员会联合印发《北京市加强农村富余劳动力就业工作的意见》(京劳社就发〔2003〕29号)。2003年2月,北京市劳动和社会保障局印发《关于贯彻〈北京市加强农村富余劳动力就业工作的意见〉的有关问题的通知》(京劳社就发〔2003〕38号)。这两个文件提出,在加快农村二、三产业发展,加大招商引资、引企进区力度的同时,要注意将发展农村经济与解决农村富余劳动力就业紧密结合起来,创造有利条件,合理引导企业招用农村富余劳动力。完善农村富余劳动力就业登记制度,凡在法定劳动年龄内、身体健康、具有初中以上文化、有劳动能力及有在二、三产业就业要求的北京市农村富余劳动力均可持本人身份证(或户口本)到户口所在地的乡镇职业介绍所进行就业登记,申领"北京市农村富余劳动力求职证"。实行农村劳动力招聘备案制度,建立个人流动就业手册。用人单位招聘农村富余劳动力,应按规定与劳动者签订劳动合同,缴纳社会保险费,并到单位所在地区县职业介绍服务中心办理招聘备案手续。要按照北京市劳动和社会保障局制定的北京市农村富余劳动力就业手册管理规定,为其个人建立记载就业履历、缴纳社会保险费记录为内容的北京市农村富余劳动力就业手册。

2006年6月,北京市劳动和社会保障局印发《北京市农村劳动力转移就业管理办法》(京劳社就发〔2006〕86号)。该管理办法规定,自2006年7月1日起,各乡镇社会保障事务所应按规定,向申请求职登记且符合条件的农村劳动力免费核发"北京市农村劳动力转移就业证",建立"北京市农村劳动力转移就业档案"。对2006年7月1日以前,已经按照《关于贯彻〈北京市加强农村富余劳动力就业工作的意见〉的有关问题的通知》规定办理了求职登记或招聘备案手续,领取了"北京市农村富余劳动力求职证""北京市农村富余劳动力就业手册",建立了"农村富余劳动力个人流动就业档案"的农村劳动力,各乡镇社会保障事务所于2006年8月31日前组织开展重新登记工作。《关于贯彻〈北京市加强农村富余劳动力就业工作的意见〉的有关问题的通知》自2006年7月1日起废止。

2006年6月,为全面贯彻落实《国务院关于进一步加强就业再就业工作的通知》(国发〔2005〕36号)精神,北京市人民政府印发了《北京市人民政府贯彻落实国务院关于进一步加强就业再就业工作文件的通知》(京政发〔2006〕4号)。该通知提出,建立覆盖全市城乡统一的就业服务体系,促进本市农村劳动力转移就业,具体包括建立健全农村劳动力转移就业登记制度,积极推动乡镇、村级就业服务组织建设,进一步加大政策扶持力度。此外,该通知还专门提出实施农村劳动力转移就业培训工程。按照分类培训、注重实效的原则,以转移就业为目标,突出农村劳动力实际操作能力的培养,不断提高技能培训的针对性、有效性、实用性,消除农村劳动力向二、三产业转移就业的技能障碍。

2009年2月,北京市劳动和社会保障局印发《关于加强本市农村劳动力转移就业基础管理工作有关问题的通知》（京劳社就发〔2009〕48号），规定了本市农村劳动力转移就业时如何办理"转移就业证""转移就业档案"。

（二）就业质量提升与结构调整阶段（2011—2020年）

这一阶段，北京市进一步加强对农村劳动力就业的扶持力度，不仅注重数量，更注重质量。政府开始推动农村劳动力的职业结构调整，提升农村劳动力的职业技能和素质，以适应城市经济发展的需要。同时，政府还加强了对农村劳动力权益的保护，帮助他们更好地融入城市生活。

2011年12月，北京市人民政府办公厅印发《转发市人力社保局关于营造创新创业环境推进创业带动就业工作指导意见的通知》（京政办发〔2011〕66号），提出进一步加大对本市城镇登记失业人员、高校毕业生和农村劳动力自主创业的扶持力度。

2012年12月，北京市人力资源和社会保障局与北京市财政局联合印发《关于印发〈用人单位岗位补贴和社会保险补贴管理办法〉的通知》（京人社就发〔2012〕308号），提出那些招用进行失业登记或农村劳动力转移就业登记的本市城乡"4050"人员的用人单位，在劳动合同期限内可申请享受最长不超过5年的岗位补贴和社会保险补贴。岗位补贴标准为每人每年5 000元。社会保险补贴以本市上年度职工月平均工资标准的60%为最高补贴基数，低于本市上年度职工月平均工资标准60%的，按照实际缴费基数予以补贴。基本养老保险补贴20%，医疗保险补贴10%，失业保险补贴1%。

2014年6月,为贯彻落实《人力资源社会保障部关于印发〈农民工职业技能提升计划——"春潮行动"实施方案〉的通知》(人社部发〔2014〕26号),北京市人力资源和社会保障局印发《关于北京市开展"春潮行动"的通知》(京人社能发〔2014〕133号)。该通知提出,从关系首都人民切身利益和农村转移就业劳动力较集中就业的行业入手,启动实施农民工职业技能提升计划,到2020年,力争使新进入人力资源市场的农村转移就业劳动力都有机会接受一次相应的就业技能培训或创业培训;力争使企业技能岗位的农村转移就业劳动力得到一次岗位技能提升培训。

2014年8月,为了充分开发利用公益性岗位,帮助城乡就业困难人员实现就业,北京市人力资源和社会保障局与北京市财政局联合印发《关于印发〈北京市社会公益性就业组织管理试行办法〉的通知》(京人社就发〔2014〕170号)。该通知提出,社会公益性就业组织是本市行政区域内街道办事处、乡镇人民政府承接实施各级政府部署组织的社会公共管理服务、绿色生态建设等公益性项目,用于安置本市城乡就业困难人员的就业实体。原则上每个街道(乡镇)明确一家社会公益性就业组织。社会公益性就业组织对城乡就业困难人员实行托底安置,为城乡就业困难人员就业筑起最后一道防线。该通知规定,"登记农村劳动力中经一个月以上日常和重点援助,推荐就业5次以上仍未实现就业或转移就业且无拒绝公共就业服务记录的女满40周岁以上和男满50周岁以上人员"是安置人员中的一类。

第七章　北京市促进失地农民就业的政策与实践

2017年8月，北京市人力资源和社会保障局印发《关于进一步调整城乡就业管理制度有关问题的通知》（京人社就发〔2017〕171号），对《北京市劳动和社会保障局关于加强本市农村劳动力转移就业基础管理工作有关问题的通知》（以下简称48号文件）规定的农村登记劳动力申请办理注销登记手续进行了简化调整，取消了提交公安机关出具的出境证明材料或村委会出具的证明材料，只需提交本人签字的"注销农村劳动力登记申请""转移就业证"等材料，并按照48号文件规定办理"转移就业档案"整理封存及"转移就业证"回收、销毁等。

2018年3月，北京市人力资源和社会保障局印发《关于城市公共服务类岗位安置本市农村地区劳动力就业促进农民增收政策有关工作的通知》（京人社就发〔2018〕106号）。该通知提出，对农村地区劳动力到环卫、公交、地铁、园林绿化、市政市容、铁路护路、公共物业、邮政、保安辅警等城市公共服务类岗位实现就业的，给予每人每月2 500元的公共服务岗位补贴。

2019年9月，北京市人民政府办公厅印发《关于印发〈北京市职业技能提升行动实施方案（2019—2021年）〉的通知》（京政办发〔2019〕18号）。该通知提出，围绕冬奥会冬残奥会筹办、北京城市副中心建设等重点工作或重大项目，持续开展农村劳动力转移就业培训。

2020年9月，北京市人力资源和社会保障局印发《关于印发〈北京市人力资源和社会保障局支持多渠道灵活就业实施办法〉的通知》(京人社就发〔2020〕19号)。该通知规定,本市农业户籍劳动力(男性未满60周岁、女性未满50周岁)实现灵活就业并办理就业登记的人员和就业见习期间的见习人员可以在户籍所在地街道(乡镇)公共就业服务机构参加本市社会保险(包括城镇职工基本养老保险、基本医疗保险和失业保险),缴费标准按照本市城镇灵活就业人员执行。

2020年10月,北京市人力资源和社会保障局与北京市财政局联合印发《关于开展一次性创业补贴工作的通知》(京人社服发〔2020〕35号),对于具有本市农业户籍的劳动力在本市首次创办的企业或个体工商户(以下简称创业组织),提供一次性创业补贴。补贴标准为对符合条件的创业组织,给予8 000元的一次性创业补贴。创业组织每招用1名本市户籍劳动力(入乡创业人员创办的创业组织在招用3名本市户籍劳动力的基础上每多招用1名),并为其缴纳社会保险费累计满6个月的,再给予1 000元的补贴。每个创业组织补贴总额不超过1万元。

(三)创新驱动与全面推进阶段(2021年至今)

进入新时代,北京市在促进农村劳动力就业方面更加注重创新和全面推进。政府通过制定一系列创新性的政策,如实施新型职业农民培育工程、推动农村电商发展等,激发农村劳动力的创新活力,提升其就业竞争力。同时,政府还加强了对农村劳动力就业的全方位服务,包括就业指导、职业培训、社会保险等,以实现农村劳动力的全面发展和城市化进程的顺利推进。

第七章　北京市促进失地农民就业的政策与实践

2021 年 3 月,《中共北京市委　北京市人民政府印发〈关于全面推进乡村振兴加快农业农村现代化的实施方案〉的通知》(京发〔2021〕9 号)提出,通过社会单位转移就业一批、政府购买服务等岗位就业一批、规范农村集体经济组织和农民合作社用工就业一批、鼓励灵活就业一批,到 2025 年基本实现将本市就业农村劳动力纳入城镇职工社会保险体系。

2021 年 9 月,北京市就业工作领导小组印发《关于印发〈关于促进本市农村劳动力就业参保若干措施〉的通知》(京就发〔2021〕4 号)。该通知提出支持企业稳定扩大就业参保、促进农村劳动力在乡村产业就业参保、推进农村劳动力在公共服务岗位就业参保、规范农村劳动力在乡村公益性岗位就业参保、引导农村劳动力多途径就业参保、鼓励农村劳动力创业带动就业参保 6 个方面共计 13 条具体举措。

2021 年 12 月,北京市人力资源和社会保障局与北京市财政局联合印发《关于促进本市农村劳动力就业参保有关问题的通知》(京人社就发〔2022〕1 号),提出在平谷区试点开展农村劳动力灵活就业社会保险补贴工作;办理了转移就业登记(失业登记)的"4045"人员、"零就业家庭"成员、"低保家庭"成员等农村劳动力,依托农村集体经济组织、农民合作社、涉农企业等单位,以非全日制等方式实现灵活就业,在申报期内月均劳动报酬不低于本市最低生活保障标准,且以灵活就业人员身份缴纳城镇职工社会保险的,按照以灵活就业人员身份参加本市职工基本养老保险、基本医疗保险（不含生育保险）、失业保险最低缴费标准的 2/3 分别给予补贴，补贴期限累计不超过 3 年，其中距法定退休年龄不足 5 年的人员，补贴期限可延长至法定退休年龄。

2022 年 11 月，北京市人力资源和社会保障局印发《关于进一步强化农村劳动力就业管理服务的通知》（京人社就发〔2022〕42 号），提出为进一步深化就业领域"放管服"改革，规范本市农村劳动力就业管理，不断提升就业服务能力和水平，要强化数据支持和需求摸查，精简优化登记手续，并加强公共就业及后续跟踪服务。其中，对已实现就业参保的农村劳动力，要做好就业后的定期跟踪服务，重点掌握农村劳动力就业动态，加强促进就业和社会保障政策宣传，提高农村劳动力就业的稳定性。

2023 年 3 月，中共北京市委、北京市人民政府联合印发《印发〈关于做好 2023 年全面推进乡村振兴重点工作的实施方案〉的通知》，提出整合农村公益性岗位设置，逐步扩大岗位规模，提高岗位工作绩效及收入水平；加强返乡入乡创业园、农村创业孵化实训基地建设，培育推介 10 个以上创新创业典型；广泛推行订单式、菜单式、配送式等培训模式，开展高素质农民培训、农民转移就业培训、岗位技能提升培训各 1 万人次；落实农村劳动力就业参保措施，新增 4 万名农村就业劳动力纳入城镇职工社会保险体系。

2023 年 5 月，北京市经济和信息化局与北京市农业农村局联合印发《关于印发〈关于落实乡村振兴重点工作支持农产品加工中小企业发展若干措施〉的通知》（京经信发〔2023〕17 号），提出构

第七章 北京市促进失地农民就业的政策与实践

建"互联网+助农培训"工作机制;支持各区利用平台企业资源,开展农文旅产业宣传推广和农产品线上销售运营等培训,增强农业从业人员的新媒体运营能力、网络营销创业意识和创业能力;依托中小企业创新创业导师培训机制,加大对高素质农民、返乡入乡创业人员、新型农业经营主体带头人的培育力度。

通过以上对21世纪以来北京市促进农村劳动力就业政策的梳理,我们不难发现,中共北京市委、北京市人民政府、北京市农村工作委员会、北京市就业工作领导小组、北京市农业农村局、北京市人力资源和社会保障局、北京市经济和信息化局等部门为促进农村劳动力就业,颁布了一系列政策,在政策制定上取得了较为丰硕的成果。在政策内容上,由最初单一的求职登记、就业登记扩展到后来的就业培训、职业技能提升计划、自主创业补贴,再到鼓励用人单位招用农村劳动力的岗位补贴、社会保险补贴,以及为农村就业困难人员提供公益性岗位托底安置,推进促进本市农村劳动力就业参保,促进农村劳动力创业等。在就业管理方式上,从最初的刚性管理,发展到现在的不断深化"放管服"改革,强化数据支持和需求摸查,精简并优化登记手续,加强公共就业及后续跟踪服务,提高农村劳动力就业的稳定性。

第二节 北京市朝阳区等四个区促进失地农民就业的成功实践

一、朝阳区：政府主导，出台一揽子就业财政支持政策

朝阳区属于典型的城乡结合部。近年来，为妥善解决失地农民就业问题，朝阳区政府出台了一系列政策，对农村劳动力转移就业给予单位社会保险补贴和个人就业补贴。

2005年8月，朝阳区劳动和社会保障局、朝阳区农业委员会、朝阳区财政局联合印发《朝阳区鼓励用人单位招用本区农村劳动力给予社会保险补贴的实施办法》（朝劳社发〔2005〕7号），提出用人单位招用朝阳区农村劳动力，签订1年及以上期限劳动合同，办理招聘备案手续并参加城镇社会保险后，可享受区财政给予的社会保险补贴；社会保险补贴标准为农民工参加城镇基本养老保险、基本医疗保险、失业保险单位缴费部分的1/3；续签劳动合同，每增加1年，合同期内给予同样标准补贴。

为了促进农村劳动力就业，政府部门将补贴范围扩大到农村劳动力个人，从2007年到2016年的9年时间里，朝阳区以3年为一个执行周期连续发布了3次农村劳动力转移就业奖励政策，通过向单位给予社会保险补贴和向农村劳动力个人给予就业补贴，来促进农村劳动力就业。2007年年底，朝阳区人民政府首次出台《朝阳区

第七章 北京市促进失地农民就业的政策与实践

鼓励农村劳动力转移就业奖励办法》（朝政发〔2007〕26号，以下简称26号文，自2008年1月1日起执行，2010年12月31日截止），指出补贴包括给用人单位的社会保险补贴和给农村劳动力个人的转移就业补贴两部分。2009年6月，出台了《朝阳区鼓励农村劳动力转移就业奖励办法实施细则》（朝劳社〔2009〕182号），将给予单位的社会保险补贴标准提高到城镇职工社会保险水平，打破了社会保险城乡二元结构。此后，作为26号文的延续，朝阳区又于2011年发布了《朝阳区鼓励农村劳动力转移就业奖励办法》（朝政发〔2011〕12号，自2011年8月1日起执行，2013年12月31日截止；2011年1月1日至2011年7月31日符合政策条件应享受相关补贴的参照本办法执行），并于2013年再次发布《朝阳区鼓励农村劳动力转移就业奖励办法》（朝政发〔2013〕18号，自2014年1月1日起执行，2016年12月31日截止）。需要说明的是，为什么不一次性制定一个长期的农村劳动力就业奖励政策而要分批制定，课题组认为此举是为政策制定部门基于自身的财政状况和农村劳动力就业实际情况相应地对政策进行微调留出了空间，更为稳妥地确保了政策执行的可持续性。

随着《朝阳区鼓励农村劳动力转移就业奖励办法》（朝政发〔2013〕18号）于2016年12月31日到期，为进一步促进朝阳区农村城市化进程，稳定辖区内农村劳动力就业，2016年12月23日朝阳区人民政府印发了《朝阳区农村劳动力转移就业社会保险补贴管理办法》（朝政发〔2016〕14号），自2017年1月1日起，朝阳区促进农村劳动力就业的补贴只补给用人单位。该文件规定，本办法仅适用于正在享受本区原鼓励农村劳动力转移就业奖励政策的用人单位，在按《朝阳区鼓励农村劳动力转移就业奖励办法》（朝政发〔2013〕18号）享受完社会保险补贴后，用人单位与招用的本区农村劳动力继续履行劳动合同，并依法签订1年及以上劳动合同、按规定缴纳社会保险、按月足额发放不低于当年本市职工最低工资标准1.2倍工资的，可连续申请享受3年的社会保险补贴。在政策享受期间实现转居的，用人单位可继续按要求申请社会保险补贴至享受期满。

此外，朝阳区还相继出台了《北京市朝阳区人民政府关于进一步做好农村劳动力就业工作的意见》（朝政发〔2012〕11号）、《朝阳区人力资源和社会保障局 朝阳区财政局关于印发〈北京市朝阳区农村转移就业劳动力和就业困难人员职业培训期间生活补贴管理办法〉的通知》（朝人社发〔2019〕16号）、《北京市朝阳区人民政府关于做好当前和今后一个时期促就业稳就业工作的实施意见》（朝政发〔2020〕9号）、《北京市朝阳区人民政府修订〈北京市朝阳区人民政府关于做好当前和今后一个时期促就业稳就业工作的实施意见〉的通知》（朝政发〔2022〕2号）等文件，对促进朝阳区农村劳动力就业做了相关规定。

《北京市朝阳区人民政府关于进一步做好农村劳动力就业工作的意见》从"鼓励用人单位招用本区农村劳动力""鼓励职业中介机构推荐本区农村劳动力就业""鼓励本区农村劳动力自主创业"

第七章 北京市促进失地农民就业的政策与实践

"鼓励本区农村劳动力灵活就业""鼓励农村劳动力提升素质"和"发挥示范带动作用促进就业"六个方面提出了一揽子的财政支持政策,包括一次性奖励、安置奖励金、社会保险补贴、工资性岗位补贴、转移就业补贴、职业介绍补贴、公共就业服务专项活动补贴,以及为自主创业人员提供小额担保贷款,对实现自主创业人员给予自主创业奖励,对实现自主创业人员给予经营用房补贴,为自主创业人员提供免费创业培训机会,为农村劳动力提供免费技能培训,对就业明星进行奖励,对就业基地进行奖励等。

《北京市朝阳区农村转移就业劳动力和就业困难人员职业培训期间生活补贴管理办法》规定,朝阳区户籍符合享受职业培训补贴条件的农村转移就业劳动力,到朝阳区定点培训机构参加职业技能培训取得结业证书或参加创业培训取得创业培训合格证书的,可申请享受职业培训期间的交通费、餐费等生活补贴。

《北京市朝阳区人民政府关于做好当前和今后一个时期促就业稳就业工作的实施意见》提出,用人单位稳定本区户籍农村劳动力就业的,按规定给予社会保险补贴。

二、丰台区:拓宽公共服务范围,推动均衡就业

为统筹做好城乡劳动力就业,丰台区采取了以拓宽公共服务范围为重点、推动地区均衡就业为理念的地区城乡劳动力就业模式。

首先,在公共服务方面,一是拓宽就业渠道。依托绿色生态建设、公共管理服务等开发公益性就业岗位数量。联合区环卫、公

交、园林等部门，开发适合农村劳动力就业的岗位；开通就业夜班车，实现就业援助由送岗到人向送人到岗转变。河西地区开发的以田园生活体验、农家院等生态观光旅游为特色的项目，帮助农村劳动力就近就地实现就业。二是推行技能培训，提升劳动者就业能力。结合新形势，推行 1+X 培训模式（其中，1 代表国家职业标准；X 是为适应区域经济发展的需要，对职业标准进行的提升），满足企业对劳动者多元化的需求，逐步化解就业结构性矛盾；围绕绿色生态发展带和平原造林重大项目，建立市绿色公共实训基地，加快区域职业技能实训基地建设。从课程设置、培训鉴定标准、师资队伍建设、培训模式等方面不断提升劳动者的就业能力，推进"订单式""定向式""定岗式"培训。

其次，建立区、镇、村三位一体的就业平台，实现区、镇（街道）、村（社区）三级信息互联互通、数据共享共用，形成"实时监管、动态帮扶"的就业服务网络体系，持续促进辖区人员实现更加充分更高质量就业。一是建立河西地区公共就业服务中心。优化区级公共就业服务机构建设，建立职业指导室，组建职业指导讲师团，指导基层公共就业服务平台开展 ISO 9000 质量体系建设。二是建立乡镇就业管理服务中心。在乡镇成立就业管理服务中心，将就业优惠政策的宣传指导、职业指导及职业介绍等职能下放到街道、乡镇。建立和完善绩效考核机制，从过程、结果和对象三方面客观评价就业促进工作，为农村劳动力提供精细化就业服务。三是推进农村劳动力就业服务站建设。对社区、村级公共服务内容进行细化分解，进一步拓展和优化服务项目，规范运行模式，为辖区失地农民提供更加便捷的就业服务。

再次，促进就业服务专员能力提升。根据街道、乡镇就业服务专员的实际需求，丰台区人力资源和社会保障局以"分批次、小规模"的形式为他们开展线下培训，制订"一街一方案"培训计划，并结合各街道、乡镇具体情况和工作中存在的问题，细化个人服务、单位服务指标和相关操作要点，切实提升就业服务专员的综合能力与服务水平。用心打造"易起找工作"职业指导品牌，建立云课、微课、易直播"两课一播"课程体系，定期组织丰台区的职业指导讲师开展就业形势分析、职业道德、求职策略、面试技巧等讲座，并结合企业和求职者实际情况，进行一对一个性化分析，为用工企业和重点群体提供有针对性的精细化用人指导服务和求职指导。

此外，搭建"公共+市场"的就业服务。丰台区人力资源和社会保障局整合利用辖区劳务派遣机构、经营性人力资源机构等社会团体资源，在全区重点镇（街道）、村（社区）设置服务站点，搭建政府与市场促进就业的桥梁纽带，为登记失业人员、农村劳动力等重点群体及时推荐岗位，使劳动者充分享受到"公共+市场"的就业服务。

三、昌平区：促进绿色产业带动农村劳动力就业

昌平区位于京郊，从 2014 年起连续 4 年被认定为市级充分就业

区，2017年昌平区户籍劳动力就业率达到99.5%。昌平区气候宜人，为农业生产创造了得天独厚的有利条件。昌平区政府始终秉持在生态建设中吸纳就业、利用绿色资源促进就业、在发展林业产业的同时拉动就业的理念，努力实现区域农村劳动力的绿色就业。

首先，昌平区大力发展都市型现代农业集群，具体内容包括：一是"一花三果"（百合花、苹果、草莓、柿子）特色农业。这是昌平区都市型现代农业的代表。二是观光休闲农业。昌平区全力打造观光休闲农业，推动乡村民俗旅游业发展，直接促进农民就业。三是种养业。随着科学技术的快速发展，种养技术逐渐成熟，该产业可促进近万名农民实现就业。四是积极发展山区林特色产业，发展特色家禽养殖，带动农民就业。

其次，昌平区实施平原造林工程。通过实施大面积造林工程，目前全区已经吸纳农民参加造林绿化并在林地的养护管理等岗位就业，解决了近2万名农民的就业问题。目前全区共有公益性绿色岗位34种，安置农村劳动力2.3万人，涉及资源管护、环境保护等多个行业和领域。其中，保洁保绿、垃圾处理等直接性岗位实现就业1.1万人，环境保护服务、资源综合利用等间接性绿色岗位实现就业1.2万人。

此外，昌平区积极搭建桥梁，为本区农村地区户籍劳动力和城市公共服务类岗位实现精准对接，助力农村劳动力实现城里就业梦想。为了激发本区农村地区劳动力到城市公共服务类岗位就业的积极性，昌平区加大了补贴力度，由昌平区财政向每人额外增加500

第七章 北京市促进失地农民就业的政策与实践

元/月的区级补贴。经过市、区两级补贴后，在城市公共服务类岗位成功就业的农村地区劳动力的补贴标准达到了每人每月3 000元，补贴标准位居全市前列。为了扎实推进向城市公共服务类岗位输出本区农村地区劳动力的工作，昌平区人力资源和社会保障局依托镇社会保障事务所及社区就业服务站对全区符合政策条件的16个镇的劳动力开展了城市公共服务类岗位就业意愿调查。为扩大政策的影响力，昌平区人力资源和社会保障局依托"网、微、刊、栏、屏、窗"全媒体发布体系进行全方位信息发布。其中，通过昌平区电视台、《昌平报》等区级媒体对城市公共服务类岗位安置就业政策、专场招聘面试活动等进行专题报道；通过"昌平就业""北京昌平"等微信公众号，对招聘会信息及城市公共服务类岗位补贴标准等内容进行发布。同时，在本区农村劳动力集中区域的66块就业保障直通车LED信息发布屏、昌平区人力资源公共服务中心招聘会现场电子屏、社会保障事务所办事大厅电子屏和公示栏、就业服务站人力资源社会保障宣传专栏等处进行信息发布，并录制了政策宣传音频在区、镇两级各类招聘会现场滚动播放，让农村地区劳动力在家门口就能了解政策、知晓岗位信息。昌平区在区、镇（街道）、村（社区）三级安排专人负责城市公共服务类岗位安置政策的宣传、落实及咨询等工作，建立了"昌平区城市公共服务类岗位安置"微信工作群和QQ工作群，实现岗位信息三级同步共享。通过工作群，昌平区人力资源和社会保障局及时将有效的岗位信息向各镇进行发布，及时传达给辖区内符合政策条件的劳动力。各镇工作人员对有意向的求职人员进行信息登记与汇总,构建完善的意向人员储备库,并根据招聘条件为有意向的求职人员做好前期就业指导及招聘面试预通知工作。

四、顺义区:普惠化、特色化、精细化,助推农村劳动力就业

在政策方面,顺义区围绕促进农村劳动力就业,相继出台了一系列具有针对性、实效性的政策。2019年,顺义区人民政府印发《顺义区关于做好当前和今后一个时期促进就业工作方案的通知》(顺政发〔2019〕22号),在全市率先对"4045"农村劳动力灵活就业的给予社会保险补贴,从而有效促进农村劳动力就近就地就业;对到临空经济核心区、科技创新产业功能区内稳定就业满一年的河东地区和北石槽镇劳动者给予1 000元通勤补贴,有效提高了劳动者跨区域就业的积极性。2021年12月,顺义区印发《顺义区人力资源和社会保障局 顺义区园林绿化局 顺义区财政局关于发展新型集体林场促进农村劳动力就业参保工作的实施意见》(顺人社字〔2021〕52号),对新型集体林场招用本区劳动力加大政策扶持力度,给予社会保险补贴、岗位补贴、工资性补贴等。2022年8月,顺义区人民政府印发《关于印发〈顺义区关于全力做好稳就业保就业工作的若干措施〉的通知》(顺政发〔2022〕42号),对于招用转移就业登记农村劳动力或招用未参加过职工社会保险的农村劳动力的用人单位,分别按照每人每年5 000元或每人每年10 000

第七章 北京市促进失地农民就业的政策与实践

元的标准给予工资性补贴。对于本区未参加过职工社会保险的农村劳动力，初次实现单位就业或初次灵活就业满一年，并按规定缴纳职工社会保险的，给予个人 5 000 元一次性就业参保补贴，以促进顺义区农村劳动力就业。

在拓宽就业渠道方面，顺义区人力资源和社会保障局通过公益性岗位托底安置、"一产员工化+灵活就业"等举措，为农村劳动力拓宽就业渠道。顺义区人力资源和社会保障局加强托底安置，促进农村就业困难人员公益性岗位就业，指导各乡镇、街道充分发挥社会公益性就业组织托底安置作用，在美丽乡村建设进程中，促使更多的城乡就业困难人员在环境维护、垃圾分类、综合治理等岗位实现托底就业。

在创新就业模式方面，顺义区人力资源和社会保障局引导合作社公司化运营，帮助在一产固定岗位、常规时间就业的农村劳动力实现"签合同、上保险、保工资"的正规就业；针对在临时性、季节性岗位就业的农村劳动力，给予其灵活就业社会保险补贴，确保其享受稳定的退休保障。

在就业服务方面，顺义区人力资源和社会保障局依托"就业快车"网站、"顺e就业"微信公众号等平台举办农村劳动力专场招聘会，为农村劳动力提供更有针对性的就业服务。在打造"区级综合专业化、镇（街）规范标准化、村（居）方便个性化、企业全面多元化"就业服务体系时，就业服务人员深入各镇（街道），采集用人单位招聘、政策咨询等诉求以及重点群体求职登记、政策咨询等诉求。顺义区人力资源和社会保障局还探索出"互联网+"就业服务模式,依托劳动力就业管理平台、人力资源统计服务系统平台,将全区劳动力就业数据采集入库,实现就业信息一网采集、一库监测、一图展示,做到实时监测劳动者就业状态以及企业用工情况等。

本章小结

本章对北京市促进失地农民就业的政策与实践进行了梳理。北京市为促进农村劳动力(包括失地农民)就业,在政策制定上取得了显著成效。政策内容从最初的求职与就业登记,逐步扩展到就业培训与职业技能提升计划,再到自主创业补贴的设立。此外,北京市还积极鼓励用人单位招用农村劳动力,并通过岗位补贴、社会保险补贴等方式给予支持。对于农村就业困难人员,实施公益性岗位托底安置,并不断推进本市农村劳动力就业参保工作,同时大力促进农村劳动力创业。在就业管理方式上,北京市从最初的刚性管理发展到现在的不断深化"放管服"改革,注重强化数据支持,深入摸查劳动力需求,精简并优化登记手续,加强公共就业及后续的跟踪服务,致力于提升农村劳动力就业的稳定性。

北京市朝阳区、丰台区、昌平区、顺义区在促进失地农民就业方面,进行了一系列较为成功的实践探索。朝阳区为妥善解决失地农民就业问题,由区政府主导出台了一系列政策,对农村劳动力转移就业给予奖励，向单位给予社会保险补贴并向个人给予转移就业补贴。丰台区为统筹做好城乡劳动力就业，采取了以拓宽公共服务范围为重点、推动地区均衡就业为理念的地区城乡劳动力就业模式。昌平区积极搭建桥梁，为本区农村地区户籍劳动力和城市公共服务类岗位实现精准对接，助力农村劳动力实现城里就业梦想。顺义区则通过普惠化、特色化、精细化的服务举措，有效推动农村劳动力的就业工作。

第八章　北京城市战略定位下失地农民稳定就业的对策建议

第三章至第七章，我们分析了北京市失地农民就业及就业稳定性现状、北京市失地农民就业稳定性的影响因素、征地安置方式对失地农民就业稳定性的影响，并对北京城市战略定位下失地农民就业的新机遇与主要方向、北京市促进失地农民就业的政策与实践进行了分析与回顾。本章在上述分析的基础上提出北京城市战略定位下失地农民稳定就业的对策建议。

第一节　政府促进失地农民稳定就业的对策

政府应将失地农民视为经济发展和城市建设的重要力量。在持续完善促进失地农民就业政策体系的基础上，应充分挖掘适合失地农民的就业岗位，加强对失地农民的技能培训，同时完善公共就业服务体系，鼓励失地农民异地就业，考虑多种征地安置方式相结合，从而实现失地农民稳定就业。

第八章 北京城市战略定位下失地农民稳定就业的对策建议

一、持续完善促进失地农民就业创业的政策体系

21世纪以来，北京市为促进农村劳动力（含失地农民）就业，出台了一系列政策，并取得了显著成效。为了进一步提高农村劳动力（含失地农民）就业的稳定性，要加大统筹城乡就业工作力度，通过深入调研城乡平等就业政策，加大鼓励用人单位招用农村劳动力的力度，实施更加优惠的社会保险补贴、岗位补贴政策，以及促进农村劳动力"离乡离土"转移就业的就业奖励政策等，形成市、区、乡镇多层次积极就业政策体系。

首先，要强化补贴型政策、扶持型政策等，发挥政策的引导作用。其次，要使城乡促进就业政策趋于一致，根据不同群体的特点建立并完善相应的机制，使其能够随着就业形势的变化有目的、分层次地促进就业。再次，要积极引导用人单位实施奖励性就业，鼓励用人单位优先招用本区失地农民。最后，要完善失地农民创业支持政策，营造有利于返乡创业的环境。各级政府相关部门可以从税费减免、用地保障、金融服务、市场开拓等方面，为失地农民创业提供更多的优惠和便利。可以通过加强对返乡创业园区、示范基地、孵化平台等载体的建设和支持，为失地农民创业提供更多的资源和机会。另外，还可以通过加强对失地农民创业项目的监督和评估，及时总结和推广成功经验和做法，不断提高其创业的质量和效益。

二、充分挖掘适合失地农民的就业岗位

在北京市"四个中心"功能建设的进程中,要坚持经济发展就业导向,通过重大产业项目来带动就业增长,建立就业影响评估机制,当涉及重大政策、重大产业、重大项目、重大工程、专项治理等事项的决策时,相关主责部门应统筹评估其在创造就业、平抑失业等方面对本地区和本领域稳就业、保就业工作带来的影响。

要调动社会各方的积极性,充分挖掘适合失地农民的就业岗位。

一是在城市供水、排水、供热、燃气、园林绿化、公共物业、公共交通、环境卫生、城市监督以及保安辅警等城市运行保障领域,开发面向失地农民的就业岗位,同时引导失地农民进入养老服务、家政服务等行业以及高端制造业配套类产业和民生刚性需求较大的劳动密集型制造业就业。具体来讲,可以鼓励失地农民选择养老护理、医疗陪护、托育服务、家政服务、西式面点制作、快递服务等岗位。

二是牢牢抓住乡村振兴的重要契机,充分利用农村特色资源,围绕科技农业、精品农业、都市农业、生态农业、全域旅游、精品民宿等领域,积极开发适合失地农民的就业岗位。各地政府应大力扶持乡镇企业,使其提供更多与失地农民相适配的劳动岗位,让失地农民在"家门口"就能找到工作,从而提升他们的就业稳定性。

三是促进多部门联动,积极发展社区服务业,特别是那些与居

第八章 北京城市战略定位下失地农民稳定就业的对策建议

民生活密切相关的服务项目，鼓励失地农民在这一领域灵活就业。

四是充分发挥公益性岗位的托底安置作用，为失地农民建立起就业的最后一道安全屏障。公益性就业组织应与企业建立区域协作关系，签订空岗信息通报协议书，多渠道挖掘就业岗位，及时了解并发布空岗信息。

需要说明的是，在解决失地农民的就业问题时，应结合失地农民的年龄特点和就业偏好，提供更多的选择性机会。一般来说，年龄偏大的失地农民技能少，对第一产业存在偏好，那么在安置就业过程中，应尽可能将他们安置到现代农业以及保洁等低端服务业就业；对于年轻的失地农民，由于他们受教育程度相对较高，学习技能快，可以将他们安置到高端制造业、高端服务业就业。充分考虑并满足失地农民在就业选择上的偏好，将能有效提升他们的就业机会，并确保失地农民就业安置政策得到切实有效的执行与落实。

三、加强对失地农民的技能培训

多数失地农民由于没有掌握农耕以外的劳动技能，他们往往更加依赖较为落后的农业活动来维持生计。受教育程度和取得的职业资格证书等级等变量对失地农民的就业稳定性没有显著影响的原因是失地农民的受教育程度普遍偏低，他们缺乏工作技能，这个群体不具有太大的差异性。即使他们中有少数人受教育程度较高并具有一定工作技能，这部分人也不一定能找到与其相适配的工作岗位，其就业稳定性依旧较差。通过前面的分析，我们可以看到虽然有

94%的失地农民接受过就业培训，86%的失地农民接受过创业培训，但是这些就业培训和创业培训对失地农民的就业稳定性并没有显著影响。这说明虽然政府部门为失地农民提供了很多就业培训和创业培训，但是这对稳定就业的促进作用并不显著。

鉴于此，政府部门应加强对失地农民的技能培训，确保培训更具针对性，使培训与就业、岗位需求紧密连接。对于有意向转移到非农产业就业的失地农民，应向其提供职业技能和创业能力培训，同时对其开展职业道德、法律知识、劳动安全与保护等方面的教育。对于选择留在农村发展现代农业的失地农民，应结合农村产业结构调整和农村产业化发展的实际需求，有计划、有组织地通过专栏、专题讲座、培训等形式，向他们传授先进实用的技术，提升他们的农产品经营能力和市场适应能力。

对失地农民的培训要因需施教，大力开展"订单式""定向式""定岗式"培训，把培训和就业密切结合起来，逐步构建起职业培训的长效机制。培训还要根据农民学员的特点，采用灵活多样的方式开展。

对于失地农民的培训，可以采用政府采购的运行模式。一是政府部门并不直接开展失地农民的培训需求调查，而是采用招标式的目标委托方式，将培训项目委托给专门的培训机构，政府部门的职责在于对愿意承担培训工作的机构进行资质审查。二是政府部门可以不干预具体的培训操作过程，但要对培训后的失地农民就业效果进行监督检查，并以此为依据向培训机构支付培训费用。三是在整个过程中，要突出以培训后就业质量的独立检查为中心，如以就业持续时间和就业层次的提升等作为资金支付的考核指标。失地农民培训的政府采购运行模式如图8-1所示。

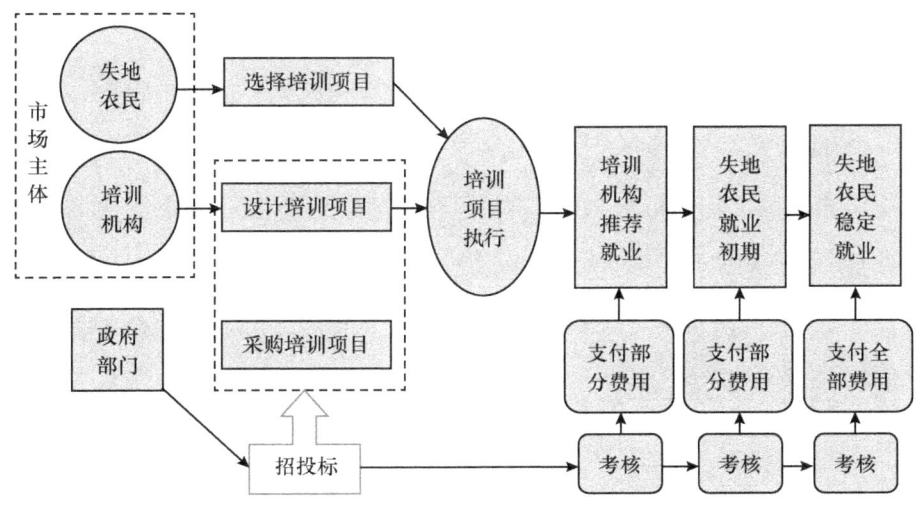

图 8-1　失地农民培训政府采购运行模式图

四、完善公共就业服务体系

将失地农民就业服务纳入城乡统一的就业服务体系，并全面加强针对他们的公共服务，可以从以下四大平台入手。一是构建社区服务平台。借助网络化社会服务平台的优势，将失地农民就业工作纳入社区服务站的主要工作内容，由上级主管领导亲自参与帮扶和指导农民再就业。二是构建培训平台。联合职业技术培训学校，共同推进职业技能、岗位技能和创业能力培训，帮助失地农民实现自身素质的提升。三是完善宣传平台。通过多渠道宣传就业政策，提供就业信息，有针对性地开展宣传引导工作，帮助失地农民转变就业观念。四是强化监督平台。加强全社会对失地农民就业工作的监督力度，特别是对涉及各项就业补贴的事项进行严格监督。

五、鼓励失地农民异地就业

失地农民在本地所能获得的就业机会往往较少，政府应鼓励失地农民异地就业。应大力推广昌平区促进农村地区劳动力到城市公共服务类岗位就业的经验做法，通过精准对接本区农村地区户籍劳动力和城市公共服务类岗位，助力失地农民实现城里就业梦想。政府部门应建立失地农民就业的平台渠道，加强和发达地区劳动密集型用工企业的联系，帮助有条件的失地农民离开本土到异地就业。

六、多种征地安置方式相结合

在前面的章节中，本课题研究论述过货币安置、就业安置、住房安置和入股分红安置会显著降低失地农民就业的稳定性。单一的征地安置方式具有一定的局限性。如果采用货币安置，失地农民一次性获得一大笔现金收入，这会使其不愿就业，从而失去稳定的收入来源。在货币安置款被用完以后，失地农民可能会再次向政府寻求帮扶和补贴，从而造成恶性循环。如果采用多套住房安置，失地农民可能会通过买卖住房获得一次性现金收入，或者通过出租房屋获得相对长期稳定的收入来源，这也不利于提升失地农民的就业意愿和就业稳定性。仅采用就业安置和入股分红安置又会使失地农民对于征地安置方式的满意度降低,引发失地农民的不满。因此,在实施征地安置时,应考虑多种安置方式相结合,如将货币安置与就业安置相结合,这样不仅能有效避免失地农民对征地安置方式的不满情绪,还能促进他们积极就业。

征地补偿标准应设定在一个合理的范围内,既要确保失地农民的长远生计需求,同时也要防止补偿标准过高,从而导致失地农民过度依赖政府,丧失就业的积极主动性。

第二节 用人单位促进失地农民稳定就业的对策

失地农民是制造业、建筑业和服务业等劳动密集型产业人力资源的主要来源之一。企业要想吸引失地农民稳定就业,就必须通过不断推进产业结构转型升级来保持企业自身稳定发展,同时大力提升失地农民的职业技能水平,切实提高失地农民的工资福利待遇。

一、以产业结构转型升级促企业稳定发展

失地农民大多集中在制造业、建筑业和服务业等劳动密集型产业就业,岗位仍以一线生产或服务人员为主。这就导致他们的就业层次和岗位技术含量相对较低,容易被替代。大量失地农民在其工作能力一般的情况下,仍然选择频繁地更换工作,这说明他们的工作在其眼中缺乏吸引力和发展前景。

企业的收缩或破产往往会导致失地农民失业或更换工作。因

此，企业要先能确保自身的持续经营和稳定发展，这样才能给失地农民提供更多的就业岗位。企业要想实现稳定发展和员工就业稳定，就必须积极推进产业结构的转型升级。通过产业结构的转型升级，企业不仅能够持续健康发展，还能为失地农民提供更多技术含量高、具备良好职业发展前景的岗位。这样，工作不仅是失地农民维持生计的手段，还能成为他们发挥自身聪明才智、实现人生价值的重要途径。

二、大力提升失地农民的职业技能水平

企业不应将针对失地农民的技能培训视为一种冒险的成本支出，而应将其视为专用人力资本投资的重要组成部分。技能培训不仅有助于提高企业的专用人力资本价值，更是企业核心竞争力的重要体现。因此，要加大对失地农民，特别是年轻失地农民的技能培训力度，出资鼓励他们参与社会上举办的各种含金量比较高的技能培训活动。同时，为激励失地农民积极参与技能培训，应出台相应的激励措施，如定期开展技术比武活动、对培训取证后的员工给予工资晋级和职位晋升等奖励。

三、切实提高失地农民的工资福利待遇

企业应重视失地农民的长远职业发展，把他们视为企业人力资源中不可或缺的一部分，并为他们提供一个能充分发挥其潜能的平台。本书第三章已论述，工资越高，失地农民从工作中获得的满足

第八章 北京城市战略定位下失地农民稳定就业的对策建议

感就越强,其就业也越稳定。因此,企业应建立完善的工资增长机制,消除任何身份歧视,确保失地农民获得公平的待遇。同时,与无保险的工作相比,参加城镇职工(企业职工)社会保险的失地农民的就业稳定性更高。应逐步将失地农民纳入本市城镇职工社会保险体系,确保他们在生活和医疗方面得到充分的保障,从而消除他们的后顾之忧,减轻他们的就业压力和经济负担,进一步稳定失地农民的就业队伍。

第三节 失地农民个人促进自身稳定就业的对策

为了实现稳定就业,失地农民要树立正确的就业观念,努力提升自身素质和技能水平,做好自身职业生涯规划等。

一、树立正确的就业观念

失地农民普遍更偏好于住房安置和货币安置,这是因为这两种征地安置方式能为他们带来一笔可观的经济收入或者长期稳定的收入来源,然而这又会导致他们的就业意愿减弱,进而降低其就业稳定性。大部分失地农民安于现状,怀着"等、靠、要"的心态,过度依赖政府的帮扶和安置,缺乏长远规划和自主就业、创业的意识。这种状况使得推动就业工作的开展、提升失地农民的就业意愿变得尤为困难。因此,失地农民应树立"自己是就业的第一责任人"的意识,变"政府要我就业"为"我要就业"。他们需要增强自身的就业意识，并积极向身边的就业、创业模范学习。

前面章节已表明，被征地后失地农民往往频繁更换工作。然而，他们应深刻认识到，从长远来看，频繁更换工作不仅不利于个人技能和工作经验的积累，而且会阻碍个人收入的稳定增长，更可能对家庭生活的稳定造成不利影响。失地农民应树立正确的就业观念，在选择工作时，充分考虑自己当下的实际情况。在就业过程中，不应过分看重当前的工资待遇，要把眼光放长远，将工作视为提升自己能力的平台，致力于在企业的发展中实现自身的长远发展。

二、全面提升自身素质和技能水平

从长远看，教育和培训是帮助失地农民积累人力资本和提升就业适应性的重要途径。失地农民应结合自身情况积极参加形式多样的职业技能培训，包括参与继续教育、学历教育、短期和长期的培训等，通过教育培训提高自身的就业技能，融入开放的就业市场，获得更多能够主动选择的就业机会。

随着数字中国建设的不断深入，数字技能已逐渐成为当代社会重要的生产力。因此，失地农民应努力提升自身的数字素养与数字技能。

三、做好自身职业生涯规划

任何行业都蕴含着发展机会。对于失地农民而言，在低端行业

第八章 北京城市战略定位下失地农民稳定就业的对策建议

就业时如何谋求自身发展,是离不开科学合理的职业规划的。农民失去土地以后就会进入组织化和社会化过程中,他们需要进入组织,学会工作,学会建立新的人际关系。失地农民在面对职业状态转变的同时,也面临着思想的转变。他们习惯了过去自由、闲散的工作环境,但现在需要规划自己的学习时间、工作时间,处理家庭中的各种问题,并学会在市场环境下竞争。有规划性的职业生涯重新设计是使他们更好、更快地适应社会的有效途径。通过开展职业生涯规划、咨询、测评等工作,失地农民能够更深入地了解自身特点及优势,从而更明确地选择适合自己的职业发展方向,提高就业的稳定性。此外,通过职业生涯规划,失地农民可以脱离以前的"自由状态",平衡职业发展与个人事务、婚姻家庭等其他生活目标,从而实现自身的更快成长。

在较多失地农民就业的低端行业中,应充分发挥人力资源部门和工会的作用,做好失地农民的职业发展规划。

本 章 小 结

本章分别从政府、用人单位(企业)、失地农民个人三个层面提出了促进失地农民稳定就业的对策建议。从政府层面来看,应持续完善促进失地农民就业创业的政策体系,充分挖掘适合失地农民的就业岗位,加强对失地农民的技能培训,完善公共就业服务体系,鼓励失地农民异地就业,通过多种征地安置方式相结合来促进失地农民稳定就业；从企业层面来看，应以产业结构转型升级促进企业稳定发展，通过大力提升失地农民的职业技能水平，切实提高失地农民的工资福利待遇来促进失地农民稳定就业；从失地农民个人层面来看，他们应树立正确的就业观念，全面提升自身素质和技能水平（包括数字素养和数字技能），做好自身的职业生涯规划。

第九章 结　　语

一、研究结论

本课题研究首先对北京城市战略定位、失地农民、就业稳定性等核心概念进行了清晰的界定，对研究涉及的农民（失地农民）就业问题、就业稳定性相关理论及文献进行了系统回顾。然后运用课题组微观调查数据对北京市失地农民就业及就业稳定性现状、失地农民就业稳定性的影响因素、征地安置方式对失地农民就业稳定性的影响等相关问题进行了实证研究，分析了北京城市战略定位给失地农民就业带来的新机遇以及失地农民就业的主要方向，系统回顾了北京市促进失地农民就业的主要政策，并对北京市朝阳区、丰台区、昌平区、顺义区促进失地农民就业的成功实践进行了介绍。最后，分别从政府、用人单位（企业）和失地农民个人三个层面提出了北京城市战略定位下失地农民稳定就业的对策建议。主要得出以下八点结论。

第一，调查样本中，大部分失地农民是在 2010 年以前被征地的，其中 2006—2010 年被征地的比例最高（占 78%）；75% 的农民在被征地后将户口转为非农业户口,仍有25%的失地农民保留了农业户口;失地农民的受教育程度以高中(职高、技校、中专)和大专学历为主;近七成的失地农民取得了职业资格证书,以初级工和中级工为主;非务农职业(如打工)、村集体经济分红是被征地前农民家庭的主要收入来源,而补偿房屋出租收入、征地补偿金则是被征地后他们的主要家庭收入来源。

第二,调查样本中,失地农民目前就业所在行业排在前三位的依次是批发和零售业,住宿和餐饮业,交通运输、仓储和邮政业,他们从事的职业以企业工作人员、私营业主/个体老板和自由职业者为主,就业单位类型主要为民营企业、股份有限公司、个体工商户和城乡集体企业;他们就业的岗位以普通员工(包括办事人员、服务业人员、非技术工人/普通工人等)为主;大部分失地农民的税后月平均工资为5 001~10 000元,其平均税后工资为7 375.4元/月;参加招聘会和家人、亲戚、朋友介绍是被征地后失地农民获取第一份工作的最主要途径;失地农民对被征地后政府提供的就业优惠政策的了解程度不高;"用人单位不给上社保""工作不够体面"和"薪资水平太低"是制约失地农民就业的主要因素;94%的受访者接受过就业培训,86%的受访者接受过创业培训;被征地后失地农民更换工作比较频繁,11%的受访者换过7~9次工作,41%的受访者换过4~6次工作,没换过工作的受访者只占12%;被征地后失地农民平均每份工作的持续时间较短,近八成未能超过24个月;关于未来的打算,53%的失地农民会继续从事目前的工作,28%的失地农民希望换工作，也有18%的失地农民考虑创业。

第三，北京市失地农民总体上就业较为稳定。在影响失地农民就业稳定性的个人特征变量中，年龄、婚姻状况、工作年限对就业稳定性的影响显著，性别、受教育程度、职业资格证书等级、被征地时是否有工作等变量对就业稳定性的影响则不显著；在影响失地农民就业稳定性的岗位特征变量中，月工资、社会保险、单位类型和所属行业对失地农民的就业稳定性有显著的影响，岗位类型对其就业稳定性的影响不显著。从政府部门为失地农民提供的公共就业服务来看，就业培训和创业培训对失地农民的就业稳定性没有显著影响。从征地补偿方式来看，征地补偿金、政府安置就业、住房或门面房补偿、村集体经济分红等显著降低了失地农民的就业稳定性。

第四，征地安置方式对失地农民的就业稳定性有着显著的负向影响，且通过失地农民的就业意愿对其就业稳定性产生比较大的中介效应。其中，住房安置的影响最大，就业安置的影响次之，货币安置的影响也比较显著，只有入股分红安置对他们的就业意愿影响不显著，中介效应最小。征地补偿标准应设定在一个合理的范围内，既要确保失地农民的长远生计需求，同时也要防止补偿标准过高，从而导致失地农民过度依赖政府，丧失就业的积极主动性。

第五，北京市"四个中心"的城市战略定位与失地农民就业之间存在着相互影响、相互制约的关系。做好失地农民就业保障工作事关"四个中心"城市战略定位的实现，"四个中心"城市战略定位的实现为失地农民带来多方面的机遇和发展空间。同时,"四个中心"城市战略定位给失地农民就业也带来了挑战。北京城市战略定位下失地农民就业的主要方向大体上遵循"城市+农村"两条主线。一是面向城镇地区的城市公共服务与城市运行类岗位,如交通安全保障、养老助残、卫生医疗保障事业、文化教育事业、餐饮商贸等城市公共管理服务领域以及物业、家政等社区服务业的相关岗位;二是农村领域第三产业,如农村养老业、农村电子商务业、乡村旅游业等的相关岗位。

第六,21世纪以来,北京市为促进农村劳动力(包括失地农民)就业,在政策制定上取得了显著成效。政策内容从最初的求职与就业登记,逐步扩展到就业培训与职业技能提升计划,再到自主创业补贴的设立。此外,北京市还积极鼓励用人单位招用农村劳动力,并通过岗位补贴、社会保险补贴等方式给予支持。对于农村就业困难人员,实施公益性岗位托底安置,并不断推进本市农村劳动力就业参保工作,同时大力促进农村劳动力创业。在就业管理方式上,北京市从最初的刚性管理发展到现在的不断深化"放管服"改革,注重强化数据支持,深入摸查劳动力需求,精简并优化登记手续,加强公共就业及后续的跟踪服务,致力于提升农村劳动力就业的稳定性。

第七,北京市朝阳区、丰台区、昌平区和顺义区四个区在促进失地农民就业方面,进行了一系列较为成功的实践探索。朝阳区为妥善解决失地农民就业问题,由区政府主导出台了一系列政策,对农村劳动力转移就业给予奖励,向单位给予社会保险补贴并向个人给予转移就业补贴。丰台区为统筹做好城乡劳动力就业,采取了以拓宽公共服务范围为重点、推动地区均衡就业为理念的地区城乡劳动力就业模式。昌平区通过大力发展都市型现代农业集群和实施平原造林工程,以促进绿色产业发展带动农村劳动力就业。此外,昌平区积极搭建桥梁,为本区农村地区户籍劳动力和城市公共服务类岗位实现精准对接,助力农村劳动力实现城里就业梦想。顺义区则通过普惠化、特色化、精细化的服务举措,有效推动农村劳动力的就业工作。在政策方面,顺义区相继出台了一系列具有针对性、实效性的促进农村劳动力就业政策;在拓宽就业渠道方面,顺义区通过公益性岗位托底安置、"一产员工化+灵活就业"等举措,为农村劳动力拓宽就业渠道;在创新就业模式方面,顺义区引导合作社公司化运营,帮助在一产固定岗位、常规时间就业的农村劳动力实现"签合同、上保险、保工资"的正规就业;在就业服务方面,顺义区打造"区级综合专业化、镇(街)规范标准化、村(居)方便个性化、企业全面多元化"就业服务体系,探索出"互联网+"就业服务模式。

第八,促进失地农民稳定就业工作,需要秉持"政府主导、社会各方积极参与和失地农民个人提升"的方针,为失地农民提供就业支撑。政府应通过持续完善促进失地农民就业创业的政策体系,充分挖掘适合失地农民的就业岗位,加强对失地农民的技能培训,完善公共就业服务体系,鼓励失地农民异地就业,采用多种征地安置方式相结合的办法来促进失地农民稳定就业。失地农民是制造业、建筑业和服务业等劳动密集型产业人力资源的主要来源之一。企业要想吸引失地农民稳定就业，就必须通过不断推进产业结构转型升级来保持企业自身稳定发展，同时大力提升失地农民的职业技能水平，切实提高失地农民的工资福利待遇。为了实现稳定就业，失地农民要树立正确的就业观念，努力提升自身素质和技能水平（包括数字素养和数字技能），做好自身职业生涯规划等。

二、研究局限与展望

（一）研究局限

由于种种客观原因，以及作者研究水平有限，本课题研究在以下三个方面还存在一些不足之处。

第一，从课题组的微观调查数据来看，由于人力、物力、财力的限制以及受新冠肺炎疫情的影响，调研样本数量受到一定的制约，且调查未能做到完全随机抽样，这可能在一定程度上会对研究结论造成偏差。

第二，目前虽然我国关于就业稳定性方面的研究已颇为丰富，然而对于失地农民这一群体的研究尚未形成热点，因此专门针对失地农民就业稳定性的研究文献相对匮乏，使得本课题研究在直接借鉴已有研究成果方面受到一定的局限。

第三，由于宏观统计数据的局限性（如统计年鉴中缺乏专门以失地农民为统计对象的数据），同时受限于研究力量的不足，课题组尚未收集到来自政府相关主管部门或权威研究机构关于失地农民征地安置的一手数据资料，因此目前仍无法进行针对失地农民就业现状及征地安置等方面的宏观和微观比较研究。

（二）研究展望

尽管为充分探讨北京城市战略定位下失地农民的就业稳定性问题，课题组在文献回顾、论据收集、方法设计等方面都做了较为深入的研究，但本课题研究对于笔者而言，仅仅是一个研究的开始。在今后的研究工作中，笔者将继续围绕以下三个方面进行深入探索。

首先，全面梳理国内其他地区在促进失地农民就业方面的实践经验，总结其成功之处，以期为北京市促进失地农民稳定就业提供有益的启示。

其次，为弥补问卷调查可能存在的不足，今后的研究将进一步扩大样本量，并对失地农民个体进行深度访谈，以深入挖掘征地安置方式对失地农民就业的具体影响。

最后，持续关注北京城市功能建设、数字经济发展以及建设国际消费中心城市等进程给北京市农村劳动力（包括失地农民）和新型职业农民就业带来的新影响等，以期为相关政策制定提供一定的参考。

附录　北京城市战略定位下失地农民就业问题研究调查问卷

亲爱的朋友：

您好！我们希望通过这份问卷了解拥有北京市户籍、在城市化进程中被征地的农民（包括"农转居"人员）的就业状况及相关问题，旨在进行学术研究并提出相关改进性的政策建议。本调查不记名，不涉及个人隐私，对问题的回答没有对错之分，只要真实就好。同时，我们承诺对您的任何信息绝对保密，请您不必担心。

衷心感谢您对本课题研究的支持和协助！祝您工作顺利，生活幸福！

"北京功能定位下的失地农民就业稳定性研究"课题组

2020 年 11 月

第一部分　基本信息

1. 您的性别：

　　□男　　□女

附录　北京城市战略定位下失地农民就业问题研究调查问卷

2. 您的年龄：

　　□20 岁以下　　□20~29 岁　　□30~39 岁

　　□40~49 岁　　□50~59 岁　　□60 岁及以上

3. 您的婚姻状况：

　　□未婚　　□已婚　　□离异　　□丧偶

4. 被征地后您的户口性质：

　　□非农业户口　　□农业户口

5. 您户口所在的镇村名称（并注明所属区）为：_____。

6. 您的政治面貌：

　　□中共党员　　□共青团员　　□民主党派　　□群众

7. 您的受教育程度：

　　□小学及以下　　□初中　　□高中（职高、技校、中专）

　　□大专　　□本科及以上

8. 您对自己健康情况的评估：

　　□非常不好　　□不太好　　□一般

　　□比较好　　□非常好

第二部分　就业状况及相关问题

9. 您是在哪一年被征地的？_____

10. 您的工作年限是：

　　□1 年以下　　□1~3 年　　□3~5 年　　□5 年以上

11. 您取得的职业资格证书等级为：

□无证书　　□初级工　　□中级工　　□高级工

□技师　　　□高级技师

12. 被征地时您是否有工作？

□有　　□无

13. 被征地前您家庭收入的主要来源为（可多选）：

□务农　　　　　　　□非务农职业（如打工）

□承包地转包　　　　□宅基地建房出租

□经营个体工商业　　□村集体经济分红

□其他，请说明_____

14. 被征地后您家庭收入的主要来源为（可多选）：

□征地补偿金　　　　□非务农职业（自谋职业）

□政府安置就业　　　□补偿房屋出租

□经营个体工商业　　□村集体经济分红

□其他，请说明_____

15. 被征地后您接受政府部门提供的就业培训的次数是：

□0次　　□1次　　□2次　　□3次　　□3次以上

16. 被征地后您接受政府部门提供的创业培训的次数是：

□0次　　□1次　　□2次　　□3次　　□3次以上

17. 您认为政府部门提供的就业创业培训对您有帮助吗？

□一点帮助都没有　　□帮助不大　　□一般

□比较有帮助　　　　□非常有帮助

附录　北京城市战略定位下失地农民就业问题研究调查问卷

18. 被征地后您获取第一份工作的途径为：

　　□政府部门安置　　　　　□互联网及其他社会中介

　　□家人、亲戚、朋友介绍　□参加招聘会

　　□自主创业　　　　　　　□一直从事被征地前的工作

　　□其他

19. 评估一下被征地后您的就业意愿以及您在选择工作时下列因素的重要性（非常强烈/非常重要为5，非常不强烈/非常不重要为1）。

就业意愿	□5	□4	□3	□2	□1
有竞争力的薪资	□5	□4	□3	□2	□1
良好的员工福利	□5	□4	□3	□2	□1
工作的安全性	□5	□4	□3	□2	□1
工作条件的舒适性	□5	□4	□3	□2	□1
工作时间有规律	□5	□4	□3	□2	□1
规章制度清晰	□5	□4	□3	□2	□1
公平竞争氛围	□5	□4	□3	□2	□1
工作负荷不大	□5	□4	□3	□2	□1
下班后闲暇时间较多	□5	□4	□3	□2	□1
能提高技能、提升自我	□5	□4	□3	□2	□1
能获得成就感、自我实现	□5	□4	□3	□2	□1
能拓展人脉	□5	□4	□3	□2	□1

20. 您对被征地后政府向失地农民提供的就业优惠政策了解程度如何？

□不了解　　　□不太了解　　　□一般

□比较了解　　□非常了解

21. 您目前从事的职业属于下列哪个行业？

　　□制造业

　　□建筑业

　　□批发和零售业

　　□交通运输、仓储和邮政业

　　□住宿和餐饮业

　　□房地产业

　　□租赁和商务服务业

　　□水利、环境和公共设施管理业

　　□居民服务、修理和其他服务业

　　□其他行业

22. 您目前就业的单位类型为：

　　□党政群机关　　　　　　　□事业单位

　　□国有企业及国有控股企业　□城乡集体企业

　　□民营企业　　　　　　　　□外资企业或中外合资企业

　　□港澳台资企业或合资企业　□股份有限公司

　　□个体工商户　　　　　　　□其他

23. 您目前从事的岗位类型是：

　　□高级管理者　　　　　　　□中层管理者

　　□专业技术人员　　　　　　□熟练技术工人

□非技术工人/普通工人　　□办事人员

□服务业人员　　　　　　□商业工作人员

24. 您目前工作的税后月平均工资（含奖金）为：

　　□2 200元以下　　　　□2 200~3 000元

　　□3 001~5 000元　　　□5 001~8 000元

　　□8 001~10 000元　　 □10 000元以上

25. 您参加社会保险的情况为：

　　□城镇职工（企业职工）的社会保险

　　□城乡居民的社会保险

　　□灵活就业人员（个人委托存档人员）的社会保险

　　□无保险

26. 您认为目前制约您就业的主要问题是（可多选）：

　　□缺乏相关职业技能　　□招聘信息获取不畅

　　□薪资水平太低　　　　□工作不够体面

　　□用人单位不给上社保　□用人单位不签订劳动合同

　　□自身就业意愿不强烈　□其他，请说明_____

27. 请为以下征地安置方式的受欢迎程度打分（极受欢迎为5，极不受欢迎为1）。

货币安置	□5　□4　□3　□2　□1
就业安置	□5　□4　□3　□2　□1
社保安置	□5　□4　□3　□2　□1
门面房安置	□5　□4　□3　□2　□1

住房安置　　　　□5　□4　□3　□2　□1

入股分红安置　　□5　□4　□3　□2　□1

农业安置　　　　□5　□4　□3　□2　□1

留地安置　　　　□5　□4　□3　□2　□1

28. 您对征地补偿安置的满意度为：

　　□非常不满意　　□不满意　　　□一般

　　□比较满意　　　□非常满意

29. 被征地后您换过几次工作？

　　□0次　　　□1~3次　　　□4~6次

　　□7~9次　　□10次及以上

30. 被征地后您平均每份工作持续多长时间？

　　□3个月以下　　□3~6个月　　□6~12个月

　　□12~24个月　　□24个月以上

31. 被征地后您最长一份工作的持续时间为：

　　□3个月以下　　□3~6个月　　□6~12个月

　　□12~24个月　　□24个月以上

32. 您对被征地后自己就业稳定性的总体评价为：

　　□非常不稳定　　□不稳定　　　□一般

　　□比较稳定　　　□非常稳定

33. 您未来的打算是：

　　□继续干这份工作　　□换一份工作

　　□创业　　　　　　　□赋闲在家

参 考 文 献

奥尔,凯斯,王亚栋. 工业化国家就业的灵活性和稳定性问题(二)[J]. 中国劳动,2005(8).

陈浩,陈雪春. 城镇化进程中失地农民就业分化及特征分析:基于长三角858户调研数据[J]. 调研世界,2013(7).

陈建伟,王轶. 就业安置政策增加失地农民稳定工作机会了吗:基于特大型城市的数据[J]. 财贸研究,2017(1).

谌新民,袁建海. 新生代农民工就业稳定性的工资效应研究:以东莞市为例[J]. 华南师范大学学报(社会科学版),2012(5).

陈运遂. 失地农民的社会心理对社会稳定的影响及对策[J]. 农村经济,2007(9).

陈昭玖,艾勇波,邓莹,等. 新生代农民工就业稳定性及其影响因素的实证分析[J]. 江西农业大学学报(社会科学版),2011(1).

冯甫. 职业生涯规划视角下的失地农民培训探析[J]. 河南教育(高教),2015(12).

高君,汪清. 城市化进程中失地农民就业问题研究:以浙江省杭州市为例［J］．昆明理工大学学报（社会科学版），2010（1）．

何筠，张嘉佳．新生代农民工就业稳定性的影响因素及代际差异研究［J］．江西社会科学，2021（2）．

花文苍．国外解决失地农民问题的经验及启示［J］．江西农业学报，2007（8）．

胡加荣．北京失地上楼农民就业的政策选择［J］．首都经济贸易大学学报，2007（3）．

胡江陵．论失地农民就业保障体系的构建：以海南国际旅游岛为例［J］．人民论坛，2016（5）．

黄翅清，刘小玲．珠三角失地农民就业安置意愿及其影响因素分析：基于中山市6区镇的实证研究［J］．广东农业科学，2014（2）．

孔德威，刘艳丽，冀恩科．灵活化时代的就业稳定性分析［J］．生产力研究，2007（4）．

李丹，王娟．影响我国劳动力市场就业稳定性的宏观因素及政策启示［J］．劳动保障世界（理论版），2010（8）．

李道军，常明，卢青波．河南省失地农民就业教育培训研究［J］．合作经济与科技，2018（22）．

李俊峰，甘伟，高凌宇．失地农民就业空间特征及行为模式研究：以安徽省芜湖市为例［J］．人文地理，2016（3）．

李琦．北京市城市化进程中失地农民安置政策与实践研究［J］．北京劳动保障职业学院学报，2010（3）．

李一粟，夏素霞. 农业转型发展对农村劳动力素质提升的启示：以北京延庆区为例［J］. 安徽农业科学，2021（16）.

栗智慧，尚珂. 城市化进程中促进失地农民就业的研究：借鉴北京市各区的成功实践［J］. 中国集体经济，2014（18）.

梁武，李秋生，曾健国，等. 昆明城市化进程中失地农民就业问题研究［J］. 农村经济与科技，2014（9）.

廖红丰. 发达国家解决失地农民问题的借鉴与启示［J］. 新疆农垦经济，2006（2）.

刘峰，杨志平. 国内外解决失地农民生计保障问题的经验研究及启示［J］. 内蒙古农业大学学报（社会科学版），2012（5）.

刘广兴. 北京市失地农民社会保障政策研究［J］. 劳动保障世界（理论版），2010（9）.

刘民培，刘静静. 国外解决失地农民问题的经验研究［J］. 世界农业，2016（10）.

罗斌. 北京农村剩余劳动力转移对策研究［J］. 北京农业职业学院学报，2018（2）.

罗凌云，胡仕勇. 就业保障因素对失地农民职业转型的影响研究［J］. 农村经济，2014（8）.

祁林德. 河南省城市化进程中失地农民就业问题研究［J］. 兰州教育学院学报，2013（8）.

王红杰，侯宁，纪超凡，等. 北京城乡结合部50个重点村失地农民再就业研究［J］. 中小企业管理与科技（下旬刊），2016（3）.

王华玉.乡村振兴背景下北京农村电子商务发展问题研究:以门头沟区为例[J].消费导刊,2020(15).

王轶,石丹淅.失地农民就业质量的演进:基于北京地区的跟踪调查数据[J].经济经纬,2016(4).

王轶,王琦.新常态背景下特大城市失地农民的就业问题研究:基于人力资本的视角[J].当代财经,2016(5).

魏瑞清.发达国家征地补偿标准、促进失地农民就业的具体措施及对我国的启示[J].中国管理信息化,2013(2).

翁杰,周必彧,韩翼祥.中国大学毕业生就业稳定性的变迁:基于浙江省的实证研究[J].中国人口科学,2008(2).

肖红梅.新生代农民工就业稳定性影响因素研究:基于职业锚理论的实证研究[J].商业时代,2014(24).

谢勇.就业稳定性与新生代农民工的城市融合研究:以江苏省为例[J].农业经济问题,2015(9).

杨汉国,朱炎.形势与政策(2014年版)[M].成都:西南交通大学出版社,2014.

禾凯民.城市化进程中失地农民就业问题研究:基于湖北省武汉市的实证分析[J].学理论,2013(23).

姚先国,谢嗣胜.西方劳动力市场歧视理论综述[J].中国海洋大学学报(社会科学版),2004(6).

臧婷婷.失地农民就业培训服务中的政府购买研究[J].河北企业,2019(4).

张来雪，于莉. 失地农民再就业问题研究［J］. 合作经济与科技，2020（20）.

张璐. 浅论国外解决失地农民保障的经验及启示［J］. 山西高等学校社会科学学报，2014（4）.

朱慧. 城市扩张中失地农民再就业问题调查与思考：以栖霞区西岗街道观梅社区为例［J］. 南京航空航天大学学报（社会科学版），2013（4）.

ACEMOGLU D. Technical changes, inequality, and the labor market［J］. Journal of economic literature, 2002（1）.

BLOMME R J, VAN RHEEDE A, TROMP D M. Work-family conflict as a cause for turnover intentions in the hospitality industry［J］. Tourism & hospitality research, 2010, 10（4）.

BOISJOLY J, DUNCAN G J, SMEEDING T. The shifting incidence of involuntary job losses from 1968 to 1992［J］. Industrial relations, 1998（37）.

BRANDT N, BUMIAUX J M, DUVAL R. Assessing the OECD job strategy: past developments and reforms［R］. OECD economics department working paper, 2005.

CARD D, KRAMANZ F, LEMIEUX T. Changes in the relative structure of wages and employment: a comparison of the United States, Canada and France［J］. Canadian journal of economics, 1999, 32（4）.

CHIRIKOS T N, NESTEL G. Further evidence on the economic effects of poor health [J]. The review of economics and statistics, 1985, 67 (1).

DAVOINE L, EHREL C. Monitoring employment quality in Europe: European employment strategy indicators and beyond [R]. Document de travail, 2006.

DIEBOLD F X, NEUMARK D, POLSKY D. Comment on Kenneth A. Swinnerton and Howard Wial. Is job stability declining in U. S. economy? [J]. Industrial and labor relations review, 1996 (49).

FARBER H S. The changing face of job loss in the United States, 1981-1995 [R]. Brookings papers on economic activity: microeconomics, 1997.

FELPS W, MITCHELL T R, HEKMAN D R, LEE T W, HOLTOM B C, HARMAN W S. Turnover contagion: how coworkers' job embeddedness and job search behaviors influence quitting [J]. The academy of management journal, 2009, 52 (3).

GOTTSCHALK P, MOFFITT R. Changes in job instability and insecurity using monthly survey data [J]. Journal of labor economics, 1999 (17).

HEINTZ J. Beyond sweatshops: employment, labor market security and global inequality [J]. Antipode, 2004, 36 (2).

IVERSON R D. An event history analysis of employee turnover:

the case of hospital employees in Australia [J]. Human resource management review, 1999, 9 (4).

KNIGHT J, SONG L. The Rural-urban divide: economic disparities and interactions in China [M]. New York: Oxford University Press, 1999.

LASZLO S. Education, labor supply, and market development in rural Peru [J]. World development, 2008, 36 (11).

LEE L F. Health and wage: a simultaneous equation model with multiple discrete indicators [J]. International economic review, 1982, 23 (1).

LJUNGQVIST L. How do lay-off costs affect employment [J]. Economic journal, 2002 (482).

LUFT H S. The impact of poor health on earnings [J]. The review of economics and statistics, 1975, 57 (1).

MACKINNON D P. Introduction to statistical mediation analysis [M]. Mahwah, NJ: Erlbaum, 2008.

MACKINNON D P, DWYER J H. Estimating mediated effects in prevention studies [J]. Evaluation review, 1993, 17 (2).

MOFFITT R, NICHOLSON W. The effect of unemployment insurance on unemployment [J]. The review of economics and statistics, 1982, 64 (1).

MORTENSEN D T. Unemployment insurance and job search decisions [J]. Industrial & labor relations review, 1977, 30 (4).

MUCHINSKY P M, MORROW P C. A multidisciplinary model of voluntary turnover [J]. Journal of vocational behavior, 1980 (17).

POMAKI G, DELONGIS A, FREY D, SHORT K, WOEHRLE T. When the going gets tough: direct, buffering and indirect effects of social support on turnover intention [J]. Teaching and teacher education: an international journal of research and studies, 2010, 26 (6).

SEHNBRUCH K. From the quantity to the quality of employment: an application of the capability approach to the Chilean labor market [R]. Center for Latin American Studies (CLAS working papers), 2004.

STANDING G. Global labor flexibility—seeking distributive justice [M]. London: Macmillan, 1999.

STERN S. Semiparametric estimates of the supply and demand effects of disability on labor force participation [J]. Journal of econometrics, 1996, 71 (1).

后　　记

随着我国城市化进程的加速，失地农民这一数量较为庞大的特殊群体的就业问题日益凸显。他们离开长期赖以生存的土地而跻身竞争激烈的劳动力市场，往往面临着就业稳定性差、收入水平低等困境。失地农民就业问题不仅事关其自身及家庭的切身利益，还关系到社会的和谐稳定和经济的健康发展。

北京市作为我国首都，始终把大力加强"四个中心"功能建设、提升"四个服务"水平作为发展的定向标。同时，要疏解非首都功能，解决"大城市病"。北京市疏解的非首都功能产业主要分布在一般制造业和劳动密集型产业，这些产业是长期以来吸纳失地农民（或农村转移劳动力）最集中的产业。相比非特大型城市和地区，北京市失地农民在就业过程中某种程度上面临着劳动力市场上更加激烈的竞争。因此，北京市失地农民的就业问题具有其特殊性，其就业直接关系到首都的稳定大局，影响到"四个中心"的功能建设。应围绕"四个中心"首都功能的战略定位来解决北京市失地农民的就业问题，加大对失地农民的就业培训力度，开发出更多服务于"四个中心"功能建设、"四个服务"且适合失地农民就业的服务保障类岗位。

本书是北京市社会科学基金项目"北京功能定位下的失地农民就业稳定性研究"(项目编号：17YGC026)的成果。正是有了课题组成员郑振华、朱莉莉、雷梦、曹洋、王江涛、孙林的群策群力和集思广益，才使得本课题得以完成，并取得了预期成果。

本课题的研究历程长达五年，从立项获批到结项、专著出版，每一步都凝聚了课题组的心血与汗水。其间，我们遭遇了三年新冠肺炎疫情的严峻挑战，这使得课题调研工作一度陷入被动和困境。最终我们克服了重重困难，成功完成了这项研究。在此，我要向在课题研究期间在课题论证、成果鉴定等方面给予本课题研究大力支持和帮助的各位专家表示衷心的感谢。他们分别是：国家发展改革委社会发展研究所的王阳研究员，首都经济贸易大学劳动经济学院的博士生导师何勤教授，中国劳动关系学院的杨晓智教授，中国劳动和社会保障科学研究院的李娟研究员、崔艳副研究员，以及北京联合大学管理学院的王晓红教授。正是有了他们的专业指导和宝贵意见，本课题才得以顺利结项，并成功诞生了这本专著。此外，我还要特别感谢云南财经大学的向其凤教授和北京工商大学商学院的刘贝妮副教授。他们在计量分析方面给予了本课题研究无私的帮助与指导。我还要感谢书中所有参考文献的作者们，正是他们之前的潜心研究和取得的丰硕成果，为本课题研究提供了宝贵的资料，奠定了坚实的基础。

感谢我所在的工作单位——北京劳动保障职业学院的领导以及

后记

劳动经济管理学院、科研处、财务处等部门相关同事。他们在课题开题论证、中期验收、结项鉴定、经费保障方面给予了我们很多帮助。感谢我的课题组成员：郑振华、朱莉莉、曹洋、王江涛、孙林五位老师，还有中国人民大学劳动人事学院的博士生雷梦，他们为本课题研究贡献了智慧，付出了汗水。

我还要深深地感谢我的导师——国家教学名师、首都经济贸易大学的杨河清教授！杨老师虽已退休多年，但在就业研究领域依然保持着敏锐的学术思辨能力。每次与老师交流，我都能从中吸取研究灵感和动力。感谢杨氏师门这个大家庭里的各位兄弟姐妹，大家团结友爱、交流合作、相互支持，正逐渐成长为国内劳动科学研究领域的知名专家学者。我因身为杨氏师门大家庭中的一员而倍感骄傲和幸福！

"更加突出就业优先导向，确保重点群体就业稳定""织密扎牢社会保障网，健全分层分类的社会救助体系""加快完善生育支持政策体系，发展银发经济"……不久前召开的中央经济工作会议对2024年经济社会发展重点工作作出部署，再一次强调了就业优先战略。就业是最基本的民生。当前，北京市正处在落实首都城市战略定位、建设国际一流的和谐宜居之都的关键时期，北京市失地农民的就业工作必将在首都发展的浪潮中迎来新机遇。本人也将持续关注北京城市功能建设、数字经济发展以及建设国际消费中心城市等进程给北京市农村劳动力和新型职业农民就业带来的新影响。

本书的出版得到了中国劳动社会保障出版社的大力支持，高级编辑、副编审黄霞老师对本书提出了很多宝贵意见，付出了大量心血。由于时间和水平有限，本书可能还存在不足甚至谬误之处，敬请各位专家及同人批评指正。

肖红梅

2023 年 12 月于北京